Juan Andrés García Román

Prophezeiung nach der Natur

Gedichte

Aus dem Spanischen übersetzt mit einem Nachwort
von Piero Salabè

sujet verlag

„Dieses Buch wurde durch die finanziellen Mittel der *Acción Cultural Española (AC/E)* unterstützt".

Die Arbeit des Übersetzers/ der Übersetzerin am vorliegenden Text wurde vom Deutschen Übersetzerfonds gefördert im Rahmen des Programms „NEUSTART KULTUR" aus Mitteln der Beauftragten der Bundesregierung für Kultur und Medien

gedruckt auf FSC®-zertifiziertes Papier

CPI-Titelaufnahme in die deutsche Nationalbibliothek

Juan Andrés García Román
Prophezeiung nach der Natur
spanisch-deutsch
aus dem Spanischen übersetzt von Piero Salabè

ISBN: 978-3-96202-115-3

© der deutschen Ausgabe 2022 by Sujet Verlag

Satz und Layout: Leonie Janzen
Lektorat: Inge Buck
Umschlaggestaltung: Daniel Zaidan
Druckvorstufe: Sujet Verlag Bremen
Printed in Europe

1. Auflage: Herbst 2022

www.sujet-verlag.de

Inhaltsverzeichnis

Profecía natural / Prophezeiung nach der Natur	8/9
Este pájaro De dónde llega / Dieser Vogel, Wo kommt er her	14/15
El cielo / Der Himmel	16/23
Réquiem y fuga muy lejos / Requiem und Fuge sehr weit	24/27
Ahí tienes las palabras: / Hier hast du die Worte	28/29
Etcétera, ay, etcetera / Etcétera, ach, etcetera	30/35
La vejez de la muerte de la tía abuela / Der Lebensabend von Großtantes Tod	34/37
Villancico / Weihnachtslied	38/43
Hay, hay, hay, / Es gibt, o je, es gibt	44/47
El morado ha salido / Der blaue Fleck kam	48/49
El cohete / Die Rakete	50/55
El cohetero en la nieve / Der Raketenmann im Schnee	56/59
Se despierta en un Bosque la Criatura / In einem Wald erawacht die Kreatur	60/61
Mírate toda / Schau dich an	62/ 63
No se perdió nada jamás / Nichts ging jemals verloren	64/65
Juega con los restos de la memoria. / Sie spielt mit den Resten von Erinnerungen.	66/67
Como el viento de las grutas / Wie der Wind in den Höhlen	68/69
Cada pirámide es / Jede Pyramide ist	70/71
El paisaje –cimas, torsos– / Die Landschaft – Berge, Rümpfe –	72/73

El nombre de las cosas que es mentira y es caridad / Der Name der Dinge der Lüge ist und Liebe;	74/75
¿Quién habla ahí? Aurora en Palermo. / Wer spricht da? Aurora in Palermo	76/81
Las piedras del espejo / Die Steine im Spiegel	82/85
El ramo / Der Zweig	86/89
Carta largamente esperada / Lang erwarteter Brief	90/93
La hora / Die Stunde	94/97
Per Capita / Pro Kopf	98/ 99
Montañas son / Berge sind es	100/105
Gramática / Grammatik	106/109
al desenrollar / beim Aufrollen	110/111
Por primera vez estás triste / Zum ersten Mal bist du traurig	112/115
Aún tienes tiempo. Habrá tres arias más / Du hast noch Zeit. Es gibt noch drei Arien.	116/119
Dicha de vieja / Glück einer Alten	120/123
Imperativo de pasado / Imperativ Perfekt	124/131
Poezyias / Gedichte	132/143
Un amor supremo / Eine höchste Liebe	144/161
¿Y si nos vamos... / Wie wär's, wenn wir gehen	162/163
Nachwort	167

Profecía natural

La Tierra es azul porque el hombre es justo.
Es justo. Y hay lagos.

Y tienen peces

que crecen

y pájaros que son
nubecillas de tormentas,
las patas relampagueando
bajo la panza gris y

vuelan

a lo alto de montañas,
en donde los monjes silban y el aire
silbado se da la vuelta,
y es primavera

y baja a los valles,
y se ve a los que aman
enterrados encima de la hierba
siempre, siempre mirando

al cielo y soñando
retrospectivamente con
el planeta encendido
y frágil como el canario de una mina.

Prophezeiung nach der Natur

Die Erde ist blau, weil der Mensch gerecht ist.
Gerecht. Und es gibt Seen.
Wo Fische

gedeihen

und die Vögel sind Wolken winziger Gewitter
deren Füße aufblitzen
auf dem grauem Bauch und sie

fliegen

in die Höhe der Berge
wo Mönche pfeifen
und die gepfiffene Luft
dreht sich und es ist Frühling

der sich über die Täler senkt,
wo die Liebenden
über dem Gras begraben
ihren Blick immer und immer

zum Himmel richten, und rückwärts
träumen vom
entflammten Planeten
zerbrechlich wie der Kanarienvogel einer Mine.

Mientras,

el martín pescador
se zambulle desde un puente de piedra
en la Tierra,

por verla azul,

porque el hombre es justo.

Pero si ya no es justo, si el hombre ya no es justo.
Si brotan del planeta
chimeneas, como radios
de una estrella mugrienta.

Si las intoxicadas caracolas
olvidan el secreto de lo curvo
y, en lugar de enroscarse,
tosen toscos rellanos de escalera,

descansillos, y
bajan a sótanos
que antes siempre durmieron,
entonces,

las cavernas milenarias
comenzarán a aullar

Während

der Eisvogel
von einer steinernen Brücke
in die Erde taucht,

weil er sie blau erblickt,

weil der Mensch gerecht ist.

Ist es aber nicht so, wenn der Mensch nicht mehr gerecht ist.
Wenn vom Planeten unaufhörlich
Schlote keimen, wie Speichen
eines schmutzigen Sterns.

Wenn die vergifteten Schnecken
das Geheimnis ihrer Krümmung vergessen
und statt sich zusammenzurollen,
sperrige Sprossen aushusten,

Treppenabsätze,
und hinuntergehen in die seit Urzeiten
schlafenden Keller,
dann

werden die tausendjährigen Höhlen
losheulen

con sus colmillos de estalactitas
y mitas;

el animal antiguo,
el viejo miedo,
despertará y Baal,

alcaide del universo,
se paseará entre sus máquinas
con el abrigo manchado
de sebo de lámpara y grasa
de cerradura

y mandará una luna
y mandará otra luna,

y los hombres
ya se pueden subir a un navío,
que no escaparán
la pecera saltará en pedazos
y todos los peces, desesperados,
boquearán, vocearán

la nueva era de una Tierra roja.

mit ihren Stoßzähnen aus Stalaktiten
und Stalagmiten;

das alte Tier,
die alte Angst
werden erwachen, und Baal,

der Meister des Weltalls,
wird zwischen seinen Maschinen spazieren,
sein Mantel befleckt
mit Kerzentalg und dem Fett
von Schlössern,

wird einen Mond schicken,
und dann noch einen Mond,

und die Menschen
dürfen ruhig auf ein Schiff steigen,
sie werden nicht entkommen,
das Aquarium wird in Stücke bersten
all die Fische, werden verzweifelt
ihre Mäuler öffnen und

das neue Zeitalter verkünden
einer roten Erde.

Este pájaro De dónde llega

dónde habrá estado antes de doblar
la rama del minuto
torciendo a un lado la cabecilla
como queriendo comprender

De dónde No lo sé Y como no lo sé
puedo decirlo

Este pájaro llega del paraíso

Dieser Vogel Wo kommt er her

wo wird er wohl gewesen sein bevor er den Zweig
dieser Minute krümmte
und den Kopf zur Seite neigte
als wollte er verstehen

Woher Ich weiß es nicht Und da ich es nicht weiß
kann ich es sagen

Dieser Vogel kommt aus dem Paradies

El cielo

Un pájaro entra en la
mañana por un costado,

se posa en una rama,
gira la cabeza con la pluma muy larga
de su nuca —el negro
ojo se le aureola de un reborde de sol—
y se pone a piar: «¿Ser amado?
¿Ser amado?».

Luego, atención.

Un seto rumorea.

Gira otra vez cabeza, todo y pluma,
pero al final el seto
amplifica también un: «¿Ser amado?».

Ha resultado ser del mismo género.
Por eso, nuestro pájaro aletea a otra mañana.

Lo que no va a saber
es que allá en la montaña
muy yerma de una noche, entre cenizas,
una pájara con una pluma larga
en su nuca se posa en una zarza

Der Himmel

Von der Seite kommt ein Vogel
in den Morgen,

setzt sich auf einen Zweig,
dreht den Kopf mit der langen Feder
seines Nackens – um sein schwarzes
Auge der Heiligenschein eines Sonnenrands –
und fängt an zu piepsen: „Geliebt werden?
Geliebt werden?"

Danach, aufgepasst.

Eine Hecke zischelt.

Wieder dreht er den Kopf, ganz und mit der Feder.
doch dann tönt auch die Hecke
lauter mit ihrem „Geliebt werden?"

Ach, sie ist vom gleichen Geschlecht.
Und schon flattert unser Vogel zu einem anderen Morgen.

Was er nicht wissen wird:
dort auf dem kahlsten
Berg einer Nacht, in der Asche,
setzt ein Vögelchen mit einer langen Feder
im Nacken sich auf einen Dornbusch

y contesta un: «Amar»
y un más inquieto: «¿Amar?».

«Ah cómo te amaría», gorjea, «si no fuera

porque ya me morí».
Cambia de zarza y con
vibrato de garganta y exotismo
chilla:

    «Ya me moríí,
ya me moríííí»,

hundiendo el vuelo en una extraña selva.

2

Sobre ordenados cuencos de cristal,
raíces y bulbos de espantos
están bebiendo su agua
plácidamente, como en un café.
Qué esferas tan lejanas
pasean
sus circunferencias
por nuestro mundo.
Y hasta el mismo sol
no es otra cosa que el grano de polen
que ha aventado una torre carcelaria
con los torpes pétalos de sus almenas.

und erwidert „Lieben",
erkundigt sich unruhig „Lieben?"

„Wie sehr würde ich dich lieben" tiriliert es
„wär' ich nicht …

schon tot."
Es zieht zu einem anderen Dornbusch
und kreischt mit zitternder Kehle, ganz exotisch:

„Bin schon niiiiicht,
bin schon niiiicht,"

und versinkt seinen Flug in einen ungeheuren Wald.

2.

Über aufgereihten Glasnäpfen,
Wurzeln und grausigen Knollen
schlürfen sie friedlich ihr Wasser,
wie im Kaffee.
Ferne, rätselhafte Sphären
führen unbestraft
ihre Weite durch die Welt spazieren,
und sogar die Sonne
ist nichts als der Pollenkern
eines Gefängnisturms,
in die Luft geschossen,
mit den plumpen Blättern seiner Zinnen.

No, nada es lo suficientemente solar
y cuando una estrella prohibida
las lubrica e ilumina,
las tejas mismas de nuestras casas críspanse,
erízanse, excítanse,
como piñas de abeto en el suelo del bosque.

Nada es familiar.
Y en las cortezas magmáticas de las estrellas
se encuentran prensadas,
como en los cándidos milhojas de las pastelerías,
las epidermis de todo lo que ha de venir
y lo que no;

cielos enteros en los que amar y ser amado
coinciden sin belleza
y muerte y vida colindan
como el verde y azul
del arcoíris entre otros
colores desconocidos.

3.

Y por las azoteas del mundo y las ciudades
dicen que vuela un mirlo
con un puñal clavado
que chilla:

Nein, nichts ist gleißend genug
und wenn ein verbotener
Stern sie befeuchtet und beleuchtet,
biegen, erregen sich die Ziegel,
unserer Häuser, platzen
wie Tannenzapfen am Waldboden.

Nichts ist so vertraut.
Und in der magmatischen Sternenrinde
fühlt sich die Haut gepresst,
wie in den blütenreinen Schnitten des Bäckers,
die Haut von alldem, was sein wird
und was nicht,

ganze Firmamente, wo lieben und geliebt werden
eins sind ohne Schönheit
und Leben und Tod aneinandergrenzen
wie das Grüne und das Blaue
des Regenbogens unter anderen
unbekannten Farben.

3.

Und durch die Terrassen der Welt und der Städte
soll ein Rabe fliegen
mit einem Messer im Rücken,
er kreischt

«¿Amaaar?, ¿amaar?».

Mientras tanto, la niebla
se cuela por las bocas entreabiertas
de los mansos durmientes
y cuando raya el alba,
el Valle sube como siempre al cielo.

„Liieben? liieben?, liiieben?"

Der Nebel sickert in der Zwischenzeit
durch den Mund der sanft Schlafenden
und wenn der Morgen graut,
steigt das Tal wie immer in den Himmel.

Réquiem y fuga muy lejos

Cuando mañana me despierte y no vea
la cama de mi hermano
paralela a la mía como un signo de igual
ni su cuerpo en ella como un parterre
ni su rostro y sus gafas como flor de ese parterre,

cuando las plantas de nuestros pies ya no señalen el amanecer.

Cuando mañana me levante
y me saquen sangre en una sala blanca para siempre,
cuando me pongan una pulsera de goma
y al final del brazo del sillón
se cierre un puño y se abra una mano
soltando algo o
tomando prestado algo al Señor.

Cuando mañana me levante temprano para ir al colegio
pero a mi pupitre se haya sentado la muerte niña.

O cuando el mediodía descalabre una sombra
muy espesa de lápida o de torre
un día y otro y otro
y en la huida introduzca mi cabeza en la soga
pero el resto del cuerpo no me quepa
y me quede colgando del cielo

Requiem und Fuge sehr weit

Wenn ich morgen aufwache und das Bett
meines Bruders nicht parallel steht zu meinem
wie ein Gleichheitszeichen,
wenn ich seinen Körper darin nicht wie ein Beet sehe
noch sein Gesicht und seine Brille wie die Blume dieses Beets,

wenn unsere Fußsohlen die Dämmerung schon nicht mehr anzeigen.

Wenn ich morgen aufstehe,
und es wird mir Blut entnommen in einem weißen Saal für alle Zeiten
und man legt mir ein Gummiband an
und dann am Ende der Armlehne
schließt sich eine Faust und öffnet sich eine Hand
als ließe sie etwas los oder
borge sie etwas vom Herrn.

Wenn ich morgen früh aufstehe, um zur Schule zu gehen
doch an meiner Bank sitzt schon das Mädchen Tod.

Oder wenn der Mittag seinen dichten
Turmschatten zerreißt
Tag um Tag um Tag
und ich auf der Flucht den Kopf in die Schlinge stecke
doch der Rest des Körpers passt nicht hinein
und ich baumele vom Himmel herunter

y contemplando

la cabeza del cuerpo del Señor,
las rodillas del cuerpo del Señor,
el corazón del cuerpo del Señor.

Cuando mañana me levante
pero la luna podrida tenga un gusano,
cuando llueva tan dentro
que se me encharque un órgano
y, entalleciendo en él, la primavera
me impulse junto a mis maestros viejos,
los que echaron la rama de un bastón
y murieron goteando en las cátedras
de un colegio futuro
y un recreo de niños albinos y felices.

und bestaune

den Kopf des Leibes des Herren,
die Knie des Leibes des Herren,
das Herz des Leibes des Herren.

Wenn ich morgen aufstehe,
doch im verfaulten Mond ist ein Wurm,
wenn von lauter Regen meine Lunge
versumpft und darin der Frühling sprießt,
wie ein Hirsekorn in seiner wachsende Schale
und mich vorantreibt zusammen mit meinen alten Lehrern
jene, die den Zweig eines Stocks fortwarfen
und tödlich versickerten auf den Pulten
einer künftigen Schule
und in einer Pause von Kindern, albinoweiß und glücklich.

Ahí tienes las palabras:

El reino de los cielos está en estas palabras.
Y, sobre todo, el reino de la tierra: tu vida depende de ellas.
Inquietud por saber que tienes delante de ti, la salvación;
que la luz pasa por esta angostura y sólo ésta,
que sólo después te espera el día.
Inquietud anterior al poema: quieres y no quieres.
Como el corazón adolescente ante la inmediatez de amor:
quiere y no quiere.

Hier hast du die Worte:

Das Himmelreich ist in diesen Worten.
Doch vor allem das Erdenreich: von ihnen hängt dein Leben ab.
Unruhe, zu wissen: du hast sie vor dir, die Rettung,
das Licht führt durch diesen Engpass, diesen nur,
und nur danach wartet der Tag.
Unruhe die dem Gedicht vorangeht: willst und willst nicht.
Wie ein junges Herz vor der Plötzlichkeit der Liebe:
will und will nicht.

Etcétera, ay, etcétera

Aquí reside la paz para el que está cansado.
(Inscripción en la verja de un cementerio)

¿Ya no estaré contento
sin estar también triste
(y no a la vez ni alternativamente,
sino en dos dimensiones
cual rubíes que se cruzan y descruzan
por su centro)?

¿No dejaré un lugar
sin verdaderamente
permanecer (y no como quien dice
«lo llevaré en el corazón»,
mas desdoblándome y quedándome
toda la vida o de algún modo
detrás de los muebles,
en las quiméricas pesadillas del
quién sabe, del quién soy)?

¿La claridad del niño
disfrazado de indio
con una pluma en la cabeza
como una idea feliz
se hará siempre turbante
y laberíntica?

Etcetera ach, etcetera

Hier ist die Ruhe. Gönnet sie dem Müden.
(Inschrift auf dem Zaun eines Friedhofs)

Kann ich mich nicht mehr freuen
ohne traurig zu sein
(und nicht gleichzeitig oder nacheinander,
sondern in zwei Dimensionen
wie Rubine, verflochten und entflochten
in ihrer Mitte)?

Kann ich einen Ort nicht verlassen
ohne eigentlich
zu bleiben (und nicht wie jemand
der „es im Herzen trägt", wie es heißt,
sondern als Gespaltener, der sein Leben
irgendwie hinter Möbeln verbringt,
in den chimärischen Albträumen des
Wer-Weiß, Wer-bin-ich)?

Wird die Klarheit des Kindes
im Indianerkostüm,
eine Feder auf dem Kopf
wie ein glücklicher Einfall,
weiterhin nur Turban
und Labyrinth sein?

Oh lago todo él en una esfera
con sus peces expuestos a la luna y al sol,
suspendidos en tiempo
líquido y no en mañanas
ni en noches. Oh heliocéntrica vejez
de los recuerdos casi intercambiables,
casi ya no vividos, que son, más que recuerdos,
sensaciones con trajes de época.

Las escaleras mismas del colegio
las veo subir a la universidad,
desembocar cual cauce del otoño
a un aula en donde a mí,
a mí mismo me tengo de alumno,
donde yo mismo alzo
la mano y me pregunto:

¿Es que no tengo fin?

Y se sigue primero a la pregunta
un silencio retórico
y después una gran deflagración.

¡Viva la buena muerte,
pistolera y tradicionalista,
que en un último intento
y conmovedor
me quiso tener todo
en una sola caja
con una sola cruz!

See, ganz in einem Rund
mit seinen Fischen gen Sonne und Mond,
aufgehoben in flüssiger
Zeit und nicht in Morgen
oder Nächten. Heliozentrisches Alter
von Erinnerungen, fast austauschbar,
fast ungelebt, mehr als Erinnerungen
bloß Empfindungen in historischem Kostüm.

Wie die Treppen selbst der Schule
aufsteigen zur Universität,
und wie ein Herbstfluss münden
in eine Klasse wo ich mein eigener
Schüler bin,
wo ich selbst die Hand
hebe und mich frage:

Habe ich kein Ende?

Und auf die Frage folgt erst
eine rhetorische Stille
und dann eine große Explosion.

Es lebe der gute Tod,
Traditionalist mit der Pistole,
sein letzter, ergreifender
Versuch, mich ganz zu bewahren
in einer einzigen Bahre
mit einem einzigen Kreuz!

La vejez de la muerte de la tía abuela

Morirse, qué carcamal,
morirse en un hospital
con los cuatro
parientes al trasluz
rodeando la cama,
aguardando a la dama
de lo preternatural.

Morirse, ver un maizal
agitado por las aspas
del avión de morirse,
irse, subir al avión
cruzar la yema del sol,
la clara de la luna,

la cara del Señor.

Morirse y salir en la radio
en mitad de una canción
vestido de interferencia y
rogando al Señor: «¡Señor,
tira de mi mano
y súbeme a la floresta
en que se acuesta la hierba
que se cansó del verano!

Der Lebensabend von Großtantes Tod

Sterben, wie veraltet,
in einem Krankenhaus sterben
mit den vier
Verwandten im Gegenlicht
um das Bett wartend
auf die Dame
des Übernatürlichen.

Sterben, ein Maisfeld sehen
aufgewühlt von den Flügeln
des Todesflugzeugs,
losziehen, ins Flugzeug steigen,
das Gelb der Sonne kreuzen,
das Weiße des Mondes

das Gesicht des Herren.

Sterben und im Radio laufen
mitten in einem Lied
als Störung verkleidet
den Herrn flehend: „Herr
ziehe mich an der Hand
hinauf in den Wald
wo das sommermüde Gras
sich niederlegt.

Tira, tira, que el cielo
ya lo tengo en las canas
reflejado, los ojos
del revés,
contemplando
los grandes icebergs
de las mañanas
engastándose
en tu corona».

Pues todo evoluciona
y cambia así en
el universo.
Y por eso los dioses se ríen
del dinosaurio de
morirnos todavía:

el jabón con su
grieta negra y seca
en el baño de la tía
abuela, que cuando vuela
con su alma, soplada vela,
al Polo de los Destinos,

aún detiene su camino
para besar sobre el barco
a su sobrino el marino.

Ziehe, ziehe, den Himmel
trage ich schon im weißen Haar gespiegelt,
die verdrehten Augen
sehen
wie sich die riesigen Eisberge
des Morgens
einfassen in deine Krone."

Und so verändert
ändert sich alles
im Universum.
Und die Götter lachen
über unseren Dinosaurier
des Immer- noch-sterben:

Der schwarze, ausgetrocknete
Riss auf der Seife
im Bad der Groß-
tante; noch macht sie
halt, wenn sie mit ihrer gepusteten
Seele zum Schicksalspol fliegt,

um auf dem Schiff
ihren Matrosen-
neffen zu küssen.

Villancico

Viene un cometa tuyo y familiar.
Eladio Cabañero

Mamá, cuando me encojo
de hombros, créelo,
no es indiferencia ni desdén,

cuando alzo los hombros,
es para que me vistas con aquel
pijama chino de rojo fajín
y pantalones verde
lago, tan lago que tenían cosidas
unas grullas de patas muy largas,
como arcos tensados
con flechas de sueño.

No es que alce los hombros
con adulto pudor,
me aúpo a ver si llegas
una tarde de viernes, una de esas

en que me recogías del colegio,
¿vamos al komo-komo?,
y tomabas mi mano y de la otra
era papá el que a veces me tiraba
rumbo al escaparate

Weihnachtslied

Es kommt ein Komet, deiner und vertraut.
Eladio Cabañero

Mutter, wenn ich mit den Schultern
zucke, glaube mir,
dann nicht aus Gleichgültigkeit oder Verachtung,

wenn ich die Schultern hebe,
ist es, damit du mir den Pyjama
aus China anziehst mit roten Streifen
und den seegrünen Hosen
so seegrün, dass Kraniche
mit ganz langen Füßen daran genäht waren,
wie mit Traumpfeilen
gespannte Bögen.

Ich hebe nicht die Schultern
mit der Scham eines Erwachsenen,
ich erhebe mich um zu sehen ob du kommst
an einem Freitagnachmittag, einem von jenen

da du mich von der Schule abholtest,
Gehen wir zum Penny?,
und du nahmst mich an der Hand und an der anderen
war Papa der mich manchmal
hin zum Schaufenster

de la pajarería. Movimiento,
pájaros rojos, verdes, preferibles a aquellos
chiquillos que medían ocho x ocho
patas de araña puestas
en fila y se reían de mi bici
de paseo y mi mochila
marca Poncio Pilato,

o porque yo no era, como ellos,
un canario escapado en otoño
y mi disfraz de mundo me quedaba raro,
excepto alguna vez,
excepto cuando agosto
nos subía con su cola a la montaña
de abuelos y de titas
y desde allí mirábamos
la luna nueva:
¿Es una de esas gotas
de cera que tú limpias
con la plancha y las hojas de periódico?

¿Es un cisne perdido en el océano
o es tal vez el futuro y aerostático
globo de hidrógeno

 —y respiración tuya,
mamá, y de las titas,
la tata y los abuelos— que una noche,

der Tierhandlung schubste. Bewegung,
rote Vögel, grüne, den Bengeln
vorzuziehen die acht mal acht aufgereihte
Spinnenfüße maßen
und die sich über mein Tourenrad lustig
machten und über meinen Rucksack
Marke Pontius Pilatus

oder weil ich nicht war wie sie
ein im Herbst entflohener Kanarienvogel
und weil mein Jedermannskostüm komisch aussah
außer manchmal,
außer als der August
uns mit seinem Schwanz auf den Berg hievte
von Opas und Tanten
und von dort oben betrachteten wir
den Neumond:
Ist es einer jener Tropfen
aus Wachs die du reinigst
mit dem Bügeleisen und den Zeitungsblättern?

Ist es ein im Ozean verlorener Schwan
oder vielleicht der kommende Gasballon

– voll mit deinem Atem,
Mama, und dem der Tanten,
der Kindermädchen und der Großeltern – der eines Nachts,

con toda la fuerza del novilunio,
tirará de mi cuerpo para que sea alma, oreada ave
desaparecida en un bosque de claros de bosque?

mit all der Kraft des Neumonds
an meinen Körper ziehen wird, damit er Seele wird, nach Luft
schnappender Vogel, verschwunden in einem Wald aus Lichtungen?

Hay, hay, hay

Hay amores que huelen a trigo trigo trigo,
amores de las sienes rozadas por los pájaros
y los días infinitos de cielo azul que tarda en
ponerse color vino vino vino.

Hay amores que descabalgan vidas vides vidas,
para que así los hombres apeados
de sus propios destinos tinos trinos
los huelan como a rosas como a rosas
salvajes y perdidas.

Hay novias que preguntan, le preguntan al viento
¿Eres tú mi vestido mi vestido, me llevas a mi boda?
Ay vestido ondeado, ay mecido y brizado, revolcado
o corriendo corriendo como un animalillo
al maizal de los días infinitos infinitos infinitos.
Hay amores que huelen a trigo y a maíz
y a hierba y lo demás no son amores,
uno y otro por las montañas libres
perdidas. Ay, amores, que os encuentren
con las mejillas rosas rosas rojas,
revolcados en cijas en pajares,
o espantando a los pájaros los pájaros, tirantes tirolinas
que dilatan los cielos infinitos

Es gibt, o je, o je es gibt

Es gibt Lieben, die riechen nach Weizen, Weizen, Weizen,
Lieben deren Schläfen Vögel streifen
und die unendlichen Tage blauen Himmels,
der noch zögert die Farbe anzunehmen von Wein Wein Wein.

Es gibt Lieben die herabfallen von Leben Reben Leben,
so dass die Menschen gelöst von ihren Schicksalen
Geschicken und Sälen,
sie riechen können wie Rosen wie wilde
verlorene Rosen.

Es gibt Bräute sie fragen und fragen den Wind,
„Bist du mein Kleid, mein Kleid, trägst du mich zur Hochzeit?"
Du Wogenkleid, gewogen und geschaukelt, gewälzt,
läufst und läufst wie ein Junges zum Maisfeld
der Tage ohne Ende, ohne Ende, ohne Ende.
Es gibt Lieben die nach Weizen und Mais riechen
und nach Gras und sind sonst keine Lieben,
zwei andere in den freien, verlorenen
Bergen. Lieben, die euch finden
mit rosigen Wangen, rosig und rot,
in Scheunen und Schobern gewälzt
oder die Vögel aufschreckend, Vögel die auf Seilrutschen
den unendlichen Himmel weiten

infinitos. Cantad, novias, aquello de Yo tengo
un vestido que baila con el viento y con todos y conmigo
y que acaba diciendo Entre las tumbas…
y las tumbas. Amores, ay, amores,

oled, oled a trigo y a camisa
de los días de viento,
a la brisa que choca las cerezas las cerezas
que caen amortiguadas
en la tierra, en la Tierra. Para siempre.

unendlich. Singt, ihr Bräute, das Lied vom Ich habe
ein Kleid das mit dem Wind tanzt und mit allen zusammen
und mit mir zusammen
und es hört auf mit den Worten Zwischen den Gräbern ...
und den Gräbern. Ihr Lieben o ihr Lieben

die ihr riecht, riecht nach Weizen und einem Hemd
von Tagen aus Wind,
nach der Brise die die Kirschen schüttelt die Kirsch
die sanft fallen
auf den Boden, auf die Erde. Auf ewig.

El morado ha salido

del blanco como un monje
decís. A los mil días
las moreras se han puesto buenas
y no hay dolor ¿Que no?

Pez de lo que termina
codo de vid: zarcillos
rizados telefónica-
mente a ayer rosas con
ladridito de orquídea
y el alma perro perro
que oye cohetes

Der blaue Fleck kam

aus dem Weißen wie ein Mönch,
sagt ihr. Am tausendsten Tag
waren die Maulbeerbäume reif
und es gab keinen Schmerz. Im Ernst?

Fisch alles Vergänglichen
Bogen einer Rebe: Ranken
telefonisch ins Gestern gekräuselt
Rosen mit dem
Gebell von Orchideen
und die Seele ist ein Hund
der Raketen hört

El cohete

I

¿Qué te ha dejado la nieve,
qué te ha dejado?

Se preguntan los hombres estos días.
La misma primavera del año pasado,
contestan los más osados. Y en verdad aciertan.
No suele haber sorpresas,
No descubre la nieve
al derretirse nada inesperado:

a la puerta del borracho, tres botellas vacías
y otra casi llena que él recibe
como una nueva vida;

una novia tan blanca que parece
mármol moviéndose
para el joven;

y a la más anciana,
tela y botones de un capitoné:
"para forrar la caja donde dormiré".

Die Rakete

I

Was ließ dir der Schnee zurück,
was ließ er dir zurück?

Fragen sich die Menschen in diesen Tagen.
Denselben Frühling vom letzten Jahr,
antworten die Kühneren. Und haben Recht.
Keine Überraschungen,
dieser Winterschnee enthüllt
nichts, wenn er schmilzt:

an der Türe des Betrunkenen, drei leere Flaschen
und noch eine fast volle, von ihm empfangen
wie neues Leben;

eine Verlobte
für den jungen Mann
so weiß wie wandelnder Marmor;

und für die Greisin
Stoff und Knöpfe für ein Polster:
"für die Truhe in der ich schlafen werde".

Aunque ésta casi se asusta o se indigna
al ver el capitoné
emerger de debajo del hielo.
¿Y qué esperaba?
El mundo es eso,
la primavera es sólo lo que es.

Y sin embargo, qué gran misterio,
pasan cosas bellísimas.

II

Como aquella anécdota que me contaron,
una de esas anécdotas
que se cuentan en la taberna en pleno
invierno —aún lo era—, soñando con otra
estación. Fue en la primavera
anterior, en un jardín
junto al río: había una mariposa
en una rosa posada
—y aquí algunos añaden:
como el segundero en la esfera—,
una mujer entonces,
una mujer descrita como muy enferma,
se apresuró a envolver
la rosa y la inquilina en uno de esos
fulares incesantes que llevan las mujeres,
especialmente las enfermas,

Trotzdem erschrickt sie fast oder ist empört
als das Polster
aus dem Schnee schlüpft.
Was dachte sie denn?
So ist Welt,
der Frühling ist nur das, was er ist.

Und trotzdem, welch großes Geheimnis,
die schönsten Dinge passieren.

II

Wie jene Geschichte, die man mir erzählte,
eine Weinstubengeschichte,
mitten im Winter – es war damals noch Winter–,
träumend von einer anderen Jahreszeit.
Es war im vorigen
Frühling, in einem Garten
am Fluss: ein Schmetterling
berührte eine Rose
– und hier fügen einige hinzu:
wie der Sekundenzeiger das Zifferblatt–,
und eine Frau, sie soll sehr krank gewesen sein,
verhüllte eilig die Rose
und ihren Gast
in eines dieser unendlichen
Foulards, die Frauen tragen,
insbesondere kranke,

la envolvió con desesperación en su fular
y no apenas si había
terminado, cuando se alzó una niebla
muy espesa que cubrió la escena
hasta que sobre ella avanzó también
el velo de la noche.

Horas más tarde,
cuando la niebla se disipó,
rosa, todo y mujer
habían volado por el espacio
y las estrellas propulsadas
parecían ser columnas
blanquísimas
que sostenían y distanciaban el cielo
y entre las que el río ondeaba
por los aires cimbreándose,
buscando el jardín.

verhüllte sie verzweifelt in ihr Foulard
und kaum war sie damit
fertig, fiel ein sehr dichter
Nebel und verdeckte den ganzen Schauplatz
bis der auch Schleier der Nacht
über ihn zog.

Stunden später
als sich der Nebel lichtete,
waren Rose, Frau und alles
durch den Raum verschwunden
und die angetriebenen Sterne
waren wie Säulen
schneeweiß
den Himmel tragend und fernhaltend
während der Fluss zwischen ihnen Wellen schlug
und sich aufbäumte
auf der Suche nach dem Garten.

El cohetero en la nieve

I

un camaleón que no imita el color sino la forma de las cosas
la nieve
un pájaro se fabrica su jaula hasta quedar encerrado
nieva
cincelazos esculpen la mirada en un país de otro país

III

nieva o el rey Lear se cuenta las muelas
luego sale de la gruta orina sobre la nieve y de la nieve
sube humo
¿porque es un rey?

VIII

los días de lluvia los hombres usan paraguas
en cambio cuando nieva juegan a mosca con la nieve
se fabrican un cono invisible con las manos
sobre la cabeza y cruzan corriendo
la calle blanca

la nieve es el cuello recortado de una camisa

Der Raketenmann im Schnee

I

ein Chamäleon, keine Farbe nachahmend, sondern die Form der Dinge
der Schnee
ein Vogel der sich seinen Käfig baut bis er dort eingesperrt
bleibt
es schneit
leere Stöße meißeln den Blick im Land eines anderen Landes

III

es schneit oder König Lear zählt seine Zähne
er kommt aus der Höhle, pinkelt in den Schnee, Dampf steigt auf –
geschieht es, weil er ein König ist?

VIII

an Regentagen brauchen die Menschen Schirme
schneit es aber, spielen sie mit dem Schnee das Ohrfeigenspiel
formen mit den Händen einen unsichtbaren Kegel
auf dem Kopf und laufen quer durch den Schauer
bis zu anderen Straßenseite

Schnee: ein ausgeschnittener Hemdkragen

XIV

nieva
¿qué son los pájaros cuando la temperatura baja de cero grados
sus voces sumergidas en el sueño?
peces

nieva
saco la mano por la ventana para comprobar si nieva
o la nieve mete por la ventana su pata blanca
para comprobar si soy

XV

der Schnee hämmert hämmert hämmert das Licht
nieva cuando algo convertirse en el interior de otro algo

XIV

es schneit
– was sind Vögel bei Frost,
ihre Stimme im Schlaf versunken?
– Fische

es schneit
meine Hand aus dem Fenster gestreckt, mal sehen, ob es schneit
oder der Schnee steckt seine weiße Pfote durch mein Fenster
mal sehen, ob ich bin

XV

la nieve martillea martillea martillea la luz
es schneit, wenn sich etwas in das Innere von etwas anderem
verwandeln will

Se despierta en un Bosque la Criatura

Se despierta en un Bosque la Criatura
y el alma, que es amor
del Amor– que se Le debe, se inquieta.
Su noche no es ya más serena, llama serena. Ve
aquélla su silueta
tiritando de puro nacimiento
entre los brotes nuevos,
mientras que Ésta
baja al pozo, toma un balde del fondo
impaciente de Sí, el que refleja
el bosque con la crïatura
dormida todavía y se desespera
escuchando las horas darse y todas
las puertas encajarse en sus paredes,
hasta que al fin se dice: Ve
antes de que salga el Sol medieval
y despierten las aves que en verdad no vuelan,
sólo llevan su corazón a Su corazón,
las guindas blancas en las guindas rojas
reflejadas, las rojas en las blancas.
Pero ah, ah del Alma,
dejó la casa justo cuando en la casa entraba
la crïatura, la criatura gritó «¿Dónde está la en-
traña de ella, de la Criatuuúúúúra
del alma?», y el grito prendió las velas ya frías, agitó
la lumbre en el lugar de la lumbre,
el gótico de las telarañas.

In einem Wald erwacht die Kreatur

In einem Wald erwacht die Kreatur
und die Seele, die nichts ist
als ihr geschuldete Liebe, wird unruhig.
Keine sanfte Nacht mehr, keine sanfte Flamme.
Sie sieht ihren Umriss
zitternd im neuen Gras
so eben geboren
während Jene
zum Brunnen hinuntergeht, einen Eimer nimmt
aus der Tiefe, ungeduldig über Sich, wo sich
der Wald und die noch schlafende
Kreatur spiegeln, und verzweifelt
wenn sie hört wie die Stunden verstreichen und alle
Türen in ihre Wände einrasten,
bis sie sich schließlich sagt: Geh
bevor die mittelalterliche Sonne steigt
und die Vögel erwachen, die in Wahrheit nicht fliegen,
sondern nur ihr Herz zu Ihrem Herzen bringen,
weiße Kirschen,
die sich in rote Kirschen spiegeln, die roten in den weißen
Doch siehe da die Seele, sie hat das Haus gerade
verlassen, als die Kreatur eintrat, und die Kreatur
schrie: „Wo sind die Ein
geweide von ihr, von der Kreatuuu-
uur der Seele?", und der Schrei zündete die schon erkalteten
Kerzen, schüttelte das Licht anstelle
des Lichts, die Gotik der Spinnennetze.

Mírate toda

Ilena de arrruñazos
Eras blanca y pareces
una mancha roja

Cierva ciega de andar

entre espinos
y puntas
de estrellas Yo te quiero

De puro dañar
el daño con tu daño
Te quiero Eres la única

cosa que quiero

Schau dich an

voller Kratzer
Weiß warst du und siehst jetzt aus
wie ein roter Fleck.

Hirschin, blind von so viel Laufen

zwischen Dornen
und Sternen-
spitzen Ich liebe dich

vor lauter verletzen
die Verletzung mit deiner Verletzung
Ich liebe dich Einzig dich

liebe ich

No se perdió nada jamás

Están todos No falta
ni un cuerpo
Nadie Ninguna una hoja
se untó de sangre
No se aherrumbró una célula
ni medio corazón se rompió
eso nunca pasó
por favor

por favor

Y si sí que se emparren
los cables enrollados de una fábrica
de máquinas del tiempo
azules amarillos
y rojos y que tiren
de todas las centésimas
milésimas rrrizándose y rrrojos
amarillos azules y que pongan
del revés

el dolor

Nichts ging jemals verloren

Alle sind da Es fehlt
kein einziger Körper
Niemand Kein ein Blatt
verschmierte sich mit Blut
Keine einzige Zelle verrostete
kein halbes Herz zerbrach
dies geschah niemals
ich bitte euch

ich bitte euch

Und wenn doch, dann sollen sie sich ranken
die aufgerollten Kabel einer Fabrik
von Zeitmaschinen
blau gelb
und rot und sollen ziehen
von allen hundertstel
tausendstel Sekunden, sich krrräuselnd
und rrot gelb blau und sollen sie
ihn umkehren

den Schmerz

Juega con los restos de la memoria.

Dobleces de la luz, tus palabras
no le divierten ya,
no le sirven para jugar, amar, parlotear.
Palabras torpes, sin duda,
excepto aquellas
en las que dibujaste sombras de alberca;
allí sí, allí sí baña,
su cuerpo hermoso, ríe, ríe de ti:
– Extranjero; te dice. Y ríe, ríe, ríe...,
sale del agua.

Sie spielt mit den Resten von Erinnerungen.

Zweideutigkeiten des Lichts, deine Worte
vergnügen sie nicht mehr,
taugen nicht mehr um zu spielen, lieben, reden.
Plumpe Worte, ohne Zweifel,
außer jenen
in die du Schatten von Brunnen zeichnetest;
da ist es, da badet sie
ihr schönen Körper, lacht und lacht über dich:
– Fremder, sagt sie dir. Und lacht und lacht...
steigt aus dem Wasser.

Como el viento de las grutas

mi amor que no sabes

y no puedes no puedes
porque está
todo fuera

Afuera

Una mañana
nítida nieve
de todos los colores

del verano Eso eso que quiero
amor quiero nacer

Wie der Wind in den Höhlen

meine Liebe die du nicht weißt

und nicht kannst nicht kannst
weil alles
außerhalb ist

Außerhalb

Eines Morgens
klarer Schnee
in allen Farben

des Sommers Das das was ich möchte
Liebe, ich möchte geboren werden

Cada pirámide es

la punta de una estrella
las culturas todas
del globo levantaron
pirámides la tierra
es una estrella

hecha de barro y
apagada en el mar
es fea pero hermosa
el color amarillo
sumergido en azul
se pone verde

más pálido en los polos
y en el centro oceánico
con monos luego gente
en las orillas bailan
y cantan para que
gire la tierra o
por lo que sea

Jede Pyramide ist

die Spitze eines Sterns
alle Kulturen
des Globus errichteten
Pyramiden die Erde
ist ein Stern

aus Lehm geformt der
im Meer erlischt
sie ist schön, aber hässlich
die gelbe Farbe
ins Blaue eingetaucht
wird grün

blasser an den Polen
und im Zentrum des Ozeans
mit Affen später Menschen
die an den Ufern tanzen
und singen damit die Erde
sich drehe oder
für was auch immer

El paisaje –cimas, torsos–

es sólo una estrategia
para desnudar el tiempo
y alojarlo en una pulsación humana,
un método para dejar el agua solo
perdida en algún sitio,
manando.

Die Landschaft – Berge, Rümpfe –

sind bloß eine Strategie,
die Zeit freizulegen
sie unterzubringen im menschlichen Pulsieren,
eine Art, das Wasser im Stich zu lassen
verloren an einem Ort,
quellend.

El nombre de las cosas que es mentira y es caridad

porque nosotros bien podemos decir vigas, alfarjía, muro maestro, launa, Mecina... pero la casa es lo que ven los pájaros: un mal brochazo blanco, un zumbido blanco donde si no estuviera la casa habría una lenta sed en las piedras y la casa – lo dice la mirada – volvería, desde alguna memoria, algún anhelo.

Der Name der Dinge der Lüge ist und Liebe;

weil wir sehr wohl Balken sagen können, Strebe, Mauer
Tonerde, Mecina ... doch das Haus ist das
was die Vögel sehen: ein unbeholfener Pinselstrich, weißes Summen
wo, wenn das Haus nicht stünde, ein langsamer Durst in den
Steinen währte und das Haus – der Blick sagt es – zurückkehrte, aus
einer Erinnerung, einer Sehnsucht.

¿Quién habla ahí? Aurora en Palermo.

Ad litora verte
Ovidio

Un niño arrastra por las intricadas callejas de Palermo el telón de un viejo teatro. Luego, él alcanza el mar, pero el telón continuará enredado en el dédalo de calles.

Contemplas la mañana del día sediento.
Lo han traído las visiones de ayer:
el árbol avivaba la isla;
los niños que jugaban a esconderse en la playa
jugaban a que ya no cabían en el útero.
Todo el contorno de la boca rodeado de puntos de herrumbre
y los labios pronunciando un nombre: ¡Pandora!, ¡Pandora!
Por la noche, los caminos afluyen entre casas cerradas
y las combas engordan en los armarios.

Pero no más imágenes.
Hoy es la mañana del día sediento.
Hoy espera una conversación de raíces rotas
en el corazón, en el centro...,
¿pero centro de qué?
La isla, la isla, respondes.

Entrarás deslumbrado.
Ah si ardiéramos dentro de nosotros en la isla,
lo ilimitado dentro de lo limitado, madre y esposa.

Wer spricht da? Aurora in Palermo

Ad litora verte
Ovid

Durch die verwinkelten Gassen Palermos schleift ein Kind den Vorhang eines alten Theaters. Schließlich erreicht es das Meer, aber der Vorhang hat sich im Wirrwarr der Gassen verhaspelt.

Du betrachtest den Morgen des durstigen Tages.
Was du gestern sahst, brachte ihn.
der Baum hellte die Insel auf;
Kinder spielten am Strand Verstecken,
spielten, dass sie nicht mehr im Mutterleib passten.
Um den ganzen Mund Rostflecken
und ein Name auf den Lippen: Pandora! Pandora!
Nachts fließen die Wege zwischen verschlossenen Häusern
und in den Schränken schwellen die Springseile an.

Doch keine Bilder mehr.
Heute ist der Morgen des durstigen Tages.
Heute wartet ein Gespräch von gerissenen Wurzeln
im Herzen, im Zentrum …,
jedoch Zentrum von was?
Der Insel, der Insel, erwiderst du.

Du trittst ein, geblendet.
Ach, wenn wir ins uns verglühen könnten, auf der Insel,
das Grenzenlose im Begrenzten, Mutter und Braut.

Si ardiéramos como gacelas en la concha.
Si nos dijésemos palabras como llamas ascendiendo
del último rostro, asolado y perenne. Lluvia
de senderos.

Tú al círculo de luz aún lo llamabas sol,
aquel que propagaba la sombra estremecida.

Los senderos ocurren, respondes,
se adentran en el paisaje, dios menor o mirada,
caballos, osarios o nácar —nacer—,
monedas colgantes —insectos devorados por el milagro—,
el guepardo de olas, el mar.
Porque mirando el mar, las antiguas moradas regresan.

Y después no.
Después van acercándose los relieves,
y descubres:
si el alma ya fue forma en un instante,
tú debes regresar
a la que ayer perdiera así su origen.
Oh huella que se desertiza,
oh florecida.

Solo di adiós,
camina por el puente de palabras que el sol besa un instante
hacia,
¿hacia dónde?

Wenn wir verglühen würden, wie Gazellen in der Schale.
Wenn wir uns Wörter sagten, wie Flammen die vom letzten
Gesicht aufsteigen, verwüstet und immerwährend. Regen
von Pfaden.

Sonne nanntest du noch den Lichtkreis,
der den zitternden Schatten verbreitete.

Die Pfade ergeben sich, erwiderst du,
fließen ein in die Landschaft, geringerer Gott oder Blick,
Pferde, Ossarium oder Perlmutt – geboren werden –,
hängende Münzen – , vom Wunder verschlungene Insekten–
der Wellengepard, das Meer.
Weil die alten Wohnungen wiederkehren,
wenn du das Meer betrachtest.

Und danach nicht.
Danach nähern sich die Reliefs
und du entdeckst:
wenn die Seele in einem Augenblick schon Form war,
musst du zurückkehren
zu der, die gestern so ihre Herkunft verlor.
Oh Spur, die du die Wüste wirst,
geblühte du.

Verabschiede dich nur,
zieh über die Brücke der Worte, von der Sonne einen
Augenblick lang geküsst, hin zu –
wohin?

La isla, la isla.

Parte entonces,
regresa, hijo imposible,
regresa a los naufragios.

Die Insel, die Insel.

Fahr also fort,
kehr zurück, unmöglicher Sohn,
kehr zurück zu den Schiffbrüchen.

Las piedras del espejo

Qué poco que tardaron
en regresar aquellas risotadas censuradas antaño
por parecer de brujas
y asociarse en tratados de anaqueles

inalcanzables a lo
maquínico y perverso: caballeros
de una fe intransigente
no faltaron para batirse el cobre
contra los murciélagos de tales
risotadas eléctricas.
Al fondo palpitante de grabados
tenebristas los tenéis,
guerreando hasta recular
al más sombrío rincón

del cuadro. No es difícil
oírlas al pasar junto a abiertas ventanas.
Ahí están, hierba son
chillona que despunta. Y, en efecto,
mala hierba que entre la buena
se cuela con la manida
excusa del equilibrio:

Die Steine im Spiegel

Wie schnell es zurückkam
dieses vor Jahren zensierte Gelächter
da man es Hexen zuschrieb
und in Traktaten auf unerreichbaren

Regalen mit dem Mechanischen
und Perversen verband: Ritter
eines unnachgiebigen Glaubens
fehlten nicht um gegen die Fledermäuse
zu fechten von derart elektrischem Gelächter.
Auf dem zitternden Hintergrund
der Stiche der Tenebristen findet ihr es,
sich wehrend bis es zurückweicht
in die finsterste Ecke

des Bildes. Leicht zu hören,
wenn man an offenen Fenstern vorbeigeht.
Da ist es, knospendes grelles
Gras. Und, tatsächlich, Unkraut
das sich einschleicht in die Beete
mit der abgedroschenen
Ausrede des Gleichgewichts:

diablo pesando un alma en
la romana de un cuerpo, embadurnando
lo divino con orín de verraco;
materia opaca que su interesado
asiento otorga a las luces del mundo,
pues de otra manera —explican las reidoras—
no serían, ya que un peso
brillante sólo —y abren
sus manos esqueléticas—
¿puede darse en la tierra?
El peso de lo brillante, ¿no es un sol?,
—sacudida resignada de la cabeza horripilante —,
¿y alguien vive en el sol? Ejem, ejem,
risa que acaba en tos y en un gargajo.

El lazo de arpillera anudado a la flor
más bella, el bien
definido en la sustancia
más ajena; ése es su lugar,
no las piedras del fondo de los ríos,
sino las del espejo: aquellas piedras
que podrían, o podrán
—porque el mal no se va a rendir jamás
y flaquezas habrá tarde o temprano—,
arrojadas contra él, hacerlo añicos.

Teufel der eine Seele wiegt
auf der Waage eines Körpers, Göttliches
beschmierend mit dem Urin von Wildschweinen;
undurchsichtige Materie die eigennützig
ihren Sitz dem Licht der Welt gewährt,
denn sonst – so erklären es die lachenden Geister –,
gäbe es sie nicht, denn kann ein leuchtendes
Gewicht allein – und sie öffnen ihre knöchrigen Hände –
in der Welt vorkommen?
Das leuchtende Gewicht, ist es nicht eine Sonne?
– resigniertes Schütteln des haarsträubenden Kopfes –
Und lebt etwa jemand auf der Sonne? Ehmm, ehmm,
aus Lachen wird Husten und Schnodder.

Die Schleife des Leinen, ein Knoten um die schönste
Blume, das Gute
im fremdesten Stoff
definiert; dies ist sein Ort,
nicht die Steine auf dem Grund der Flüsse,
sondern im Spiegel: jene Steine
die man dagegen wirft oder werfen wird
– weil sich das Böse nie ergeben wird
und man früher oder später schwächelt –,
könnten ihn in Scherben schlagen.

El ramo

Los poetas románticos lanzan
miradas oblicuas a sus obras póstumas,
sus recíprocas cartas
rózanse al coincidir en el buzón,
caricias en el dorso de una mano;
no les acaba el tórax en abdomen,
sino en un fino tallo
que se une a otros tallos
dentro de un anillo.

Entre dos botones de su chaqueta
se busca la mano de Napoleón.
A los poetas románticos
les huele el pelo a viejo. Sus ojos picotean
la esquina de sus lentes
como peces. Sin duda
prefieren la luz sonámbula
de la hora caediza en que toman la pluma
y escriben las soflamas
contra sus vecinos y archienemigos,
poetas que hablan de flores
(y cuya boca huele a agua de jarrón).

Lo que los poetas románticos no saben
es que ellos mismos,
y los otros también, son flores secas

Der Zweig

Die romantischen Dichter werfen
schräge Blicke ihren posthumen Werken zu,
ihre gegenseitigen Briefe berühren sich
im Postkasten,
Liebkosungen auf dem Rücken einer Hand;
ihre Brust schließt sich nicht ans Unterleib,
sondern an einen feinen Stiel
der sich mit anderen Stielen verbindet
in einem Ring.

Zwischen zwei Knöpfen seiner Jacke
sucht man die Hand Napoleons.
Das Haar der romantischen Dichter
riecht alt. Ihre Augen picken
an die Ecken ihrer Linsen
wie Fische. Fraglos bevorzugen sie
das nachtwandlerische Licht
der bebenden Stunde, da sie zur Feder greifen
und die Tiraden gegen
ihre Nachbarn und ihre Erzfeinde verfassen,
Dichter die von Blumen schreiben
(deren Mund nach faulem Wasser riecht).

Doch die romantischen Dichter wissen nicht,
dass sie selbst
so wie die anderen, vertrocknete Blumen

de un ramo en la alcoba de una viuda
y que el capullo que no ha abierto
y en cuya cabeza depositan
todas sus esperanzas
estilísticas nunca
va a abrir, que el cosquilleo
de la brisa es tan sólo el rumbo de una
mosca sobre su nuca.

No lo saben, pero lo sabrán
esta misma noche,
cuando la viuda salga a la chirriante puerta
y los coloque, junto a otros trastos,
bajo las estrellas que no paran
de engordar.

eines Zweiges im Schlafzimmer einer Witwe sind
– und dass die Blüte, die sich nicht geöffnet hat
und auf deren Knospe
sie alle ihre stilistischen Hoffnungen setzen,
sich niemals
öffnen wird, dass das Kitzeln
der Brise nur eine brummende Fliege
über ihrem Nacken ist.

Sie wissen es nicht, doch sie werden es wissen,
in ebendieser Nacht,
wenn die Witwe zur knarzenden Tür hinauskommt
und sie neben das übrige Gerümpel
hinstellt unter den Sternen,
die immer fetter werden.

Carta largamente esperada

Los reyes se asoman a los sellos,
se ponen de perfil
y cuando están muy cerca,
se empujan y se casan
inexorablemente y
gritando: ¡¡Viva, viva…!!

Qué días soleados, gorjean hasta los lápices
del lapicero, abriendo sus picos de grafito
hasta que el sol se escora a
la esquina como hacen los números.

Dando besos al té, la reina
le pregunta al infante a qué hora es
la toma de la pastilla
y él flemáticamente
detiene con un dedo
el candil bamboleante
que alumbraba por turnos
dos sellos de valor consecutivo.

Pero ay, ¡un portazo! Ha vuelto ya
el viudo que los saca de paseo.
Se asoma a la ventana,
contempla la montaña cubierta de visillos.

Lang erwarteter Brief

Aus den Briefmarken blicken Könige
im Profil
wenn sie sich zu nah kommen
schubsen sie sich an und heiraten
unerbittlich und alle rufen:
Hoch lebe, hoch lebe ...!

Was für sonnige Tage, selbst das Blei der Bleistifte
zwitschert, öffnet seine Graphitschnabel
bis die Sonne sich zur Ecke neigt
wie dies Zahlen tun.

Den Tee küssend, fragt die Königin
den Infanten, um wieviel Uhr
die Pastille eingenommen wird
und er hält leidenschaftslos
mit einem Finger
die zitternde Öllampe
die abwechselnd zwei Briefmarken
von steigendem Wert beleuchtete.

Doch ach, eine Tür knallt, der Witwer
ist schon zurück, der sie spazieren führt.
Er blickt aus dem Fenster
betrachtet den Berg, verhüllt von Gardinen.

Se sienta, se levanta,
se sienta y, al final, se desespera;

arruga el folio, agarra el costurero
y enjaula en él de nuevo a los reyes y al sobre
hasta el año que viene, en que, sin duda,

no habrá tampoco nada que decir.

Er setzt sich, steht auf,
er setzt sich wieder, verzweifelt schließlich:
er knittert das Blatt, nimmt das Nähkästchen
und bewahrt darinnen die Könige und seinen Umschlag
für das kommende Jahr, in dem er zweifellos
genauso wenig zu sagen haben wird.

La hora

Quién, después de pasar la noche en vela
de invierno, mientras las legendarias nieves
cubrían las cumbres tal y como anuncian
viejas bravas canciones y esos cuadros con sierras
que decoran casones de las sierras,
quién, digo, no ha pasado de esa guisa
junto a un cementerio y al sentir que las piernas
le flaqueaban, un poco por aquella
fatiga como de otro mundo,
un poco por guardarse del aire y los relámpagos,
no se ha colado en un nicho vacío
a esperar a que escampe y en ésas se ha sentido
bruscamente cansado del camino,

del camino que sube, que baja, que llanea
por sus cantones –blanduras de vida
ajena, cielos que dan candilazo, sol con pitido
del mediodía, predisposición
a los sarcasmos y bosques
tupidos que, tan pronto te saben internándote
por ellos, se florecen como en íntima
palmera de tracas chinas de la que
eres testigo deslumbrado, solo y desde luego, mortal;

pero qué son las flores
qué el relumbrar entre las ramas, qué
es nada sino el acordeón de ese mismo cansancio

Die Stunde

Wer ist nicht nach einer durchwachten Winternacht,
wenn märchenhafter Schnee sich auf Gipfel
legt, wie verkündet von alten Heldenliedern
und von diesen Wäldern auf den Bildern
die in Hütten hängen,
wer, sag ich, ist nicht in solchem Geiste
an einem Friedhof vorbeigezogen
und als ihm die Beine zitterten,
ein wenig von der Mühsal wie von einer andern Welt,
ein wenig weil er sich schützte vor Wind und Blitzschlag,
ist er in eine leere Ecke geschlüpft und hat dort gewartet
bis er sich auf einmal erschöpft gefühlt hat vom Weg,

dem Weg hinauf, dem Weg hinab, der flach
wird in seinen Hügeln – Sanftheit fremden
Lebens, erleuchtete Himmel, Mittagspfeifen
der Sonne, Bereitschaft
für Häme und dichte
Wälder, die aufblühen sobald
sie spüren wie du eintrittst,
sich aufbäumen wie chinesische Feuerwerkschlösser, deren
faszinierter Zeuge du bist, einsam und gewiss sterblich;

doch was sind Blumen
was ihr Schimmern zwischen Zweigen, wenn
nicht das Akkordeon derselben Mühsal,
von allen geteilt, vom Boden bis

compartido por todo, desde el suelo
hasta el cielo, el que rubrica
la golondrina blanca para el uno,
negra para el otro, pero también amarilla, nácar, carmesí...
para quién. Quién en el mundo no ha deseado,

exhausto de esta primavera, la otra, quién no hizo girar
con su imaginación como ruletas
los molinos hasta que los detuvo
en una cruz intensa como el rayo
que sacude la torre de la iglesia,
que ilumina en el cuerpo del Señor las llagas
cicatrizadas ya, torpe residuo
de la flor en el fruto. Y cómo en fin
no sentir una grave, casi terminal melancolía
por el clima infantil, las lenguas de los mulos
y el agua del pilón lleno de madres
o aquel lema —«Quédate con nosotros,
que la tarde...»— ahora acuciado
—«¿Te quedarás, te quedarás con nosotros,
por favor?»— para que la sangre del corazón
ate un último doble nudo a la pureza
y una voz, reunida a través de todos los bosques, las cumbres,
los cielos responda otra vez
con un susurro apagavelas su
respuesta de entonces, de nunca, la misma: «Sí».

zum Himmel, das für die einen die weiße Schwalbe
zeichnet, für die anderen die schwarze, aber auch die gelbe,
braune, rote... für wen auch immer.
Wer in der Welt hat nicht,

von diesem Frühling erschöpft, den anderen begehrt, wer
hat nicht in seiner Phantasie die Mühlen
wie Räder drehen lassen, um sie dann
anzuhalten in einem Kreuz geladen wie der Blitz
der den Kirchturm zittern lässt
der das Leib des Herren erleuchtet die schon vernarbten
Wunden, roher Rest
der Blume in der Frucht. Und wie sollte man nicht
eine tiefe, fast finale Schwermut spüren
für das kindische Klima, die Zungen der Maultiere
und das Wasser des Brunnens voller Mütter
oder für jenen Leitspruch „Bleib doch bei uns, denn der Abend",
der dich jetzt bedrängt
„Wirst du mit uns bleiben, bitte
wirst du?", damit das Blut des Herzens
einen letzten zweifachen Knoten um die Reinheit bindet
und eine Stimme, eingetroffen aus allen Wäldern, Gipfeln
und Himmeln wieder mit kerzenlöschendem Flüstern
ihre Antwort von damals
und niemals antwortet, das immerselbe: „Ja."

Per Capita

El primer rey fue deforme;
nació con una protuberancia sobre el cráneo que llamaron corona,
pero aquella deformidad le confirió poder.
Aquella fue la única corona de hueso, la única auténtica corona,
una sola corona de verdad en toda la historia de los hombres.
Desde entonces, el resto de los reyes simulan la deformidad
con coronas de arcilla acero oro.

Cuaderno del apuntador
Se batían como ciervos con sus coronas.

Cuaderno del apuntador
Un rey llamado Rey Aún.

Pro Kopf

Der erste König war missgebildet;
er wurde mit einem Auswuchs auf dem Kopf geboren,
Krone genannt
aber jene Missbildung erteilte ihm Macht.
Das war die einzige Knochenkrone, die alleinige echte
Krone, eine einzige richtige Krone in der ganzen
Menschheitsgeschichte.
Seit jener Zeit simulieren die Könige ihre Missbildung durch
Kronen aus Ton Stahl Gold.

Heft des Souffleurs
Sie kämpften wie Hirsche mit ihren Geweihen.

Heft des Souffleurs
Ein König namens König Noch.

Montañas son

Cuando cayó la tarde y uno es ése
que va a caballo
—1+2 y 2+1, aunque ha empezado
a equivocar la cuenta
por el cansancio— entonces un portal
lo recibe y unas sábanas frescas.
Quédate con nosotros,
dice una voz de dentro, y se queda dormido:

Montañas hay del sueño en el país.
Carrozas portean paja
por sus desfiladeros
y algunas briznas caen
al abismo, al de lo no soñado,
que es más hondo tal vez
que el de lo no vivido o lo no amado.
Y por lo mismo son tales montañas
mayores de lo que puede imaginarse
y, aun dentro de lo que puede soñarse,
gigantescas, creedme,
y al otro lado, el mar.

«Arree», se escucha, y «Soooo».
Son los cocheros mientras se adelantan
por los vertiginosos, pelados vericuetos,
y es seguro —seguro— que su eco

Berge sind es

Wenn der Abend sinkt und man ist der da
auf dem Pferd
– 1+2 und 2+1, wenn auch sich Fehler
einschleichen beim Rechnen
wegen der Müdigkeit – empfängt ihn
ein Tor und frische Laken.
Bleib bei uns,
ertönt von innen eine Stimme, und er schläft ein:

Berge gibt es vom Träumen im Land.
Karren bringen Stroh
durch die Schluchten
und einige Gräser fallen
in den Abgrund des Nichtgeträumten,
der vielleicht tiefer reicht
als der des Nichtgelebten oder Nichtgeliebten.
Und deswegen ragen diese Berge
höher als man sich vorstellt
und selbst im Traum noch
riesenhaft, glaubt mir,
und auf der anderen Seite, das Meer.

„Huuusch", hört man, und „Hooojaaa".
Es sind die Kutscher, die durch
die schwindelerregenden, kahlen Wege jagen,
und ihr Echo ist sicher – ganz sicher –

no es reflexión acústica,
sino vegetativa
propagación del bulbo de este sueño.

¡Pero qué de carrozas hay aquí!,
y cómo puede ser,
qué comercio se traen en un lugar tan solo,
sin ciudad ni mercados.
¿Les esperan con barcas
al otro lado?, ¿saben, como uno sabe, que
debajo de la paja van camufladas flores?

Y morena es la piel de los cocheros
y azules son sus ojos y crepitan
en ellos los candiles
que oscilan con la marcha.
¿Adónde vais, amigos?
Pero a una pregunta por el ir
darán una respuesta por el ser:
«Montañas son»; con tal de no decir
nada ni revelar por qué las flores
son allí una cuestión de vida o muerte.

Quizá el mar simboliza la vecindad del día
o tal vez es el día nada más que una isla,
una entre tantas otras de aquel mismo
mar inmenso detrás de las montañas.

keine akustische Spiegelung,
sondern das Schwellen
dieser Traumpflanze.

Mensch, wie viele Kutscher sind hier!,
wie kann es sein
welche Waren bringen sie an solch einsamen Ort,
ohne Stadt und Markt.
Erwartet man sie mit Booten
auf der anderen Seite? Wissen sie, wie die Wissenden wissen,
dass unter dem Stroh Blumen versteckt sind?

Und gebräunt ist die Haut der Kutscher
und blau ihre Augen
wo Lichter funkeln, die beim Gehen schwanken.
Wohin geht ihr, Freunde?,
doch auf eine Frage nach dem Gehen,
antworten sie mit dem Sein:
„Berge sind es"; um nichts zu
sagen, nicht zu verraten dass die Blumen
von den Menschen auf dieser Seite kaum gesehen
dort eine Frage von Leben und Tod sind.

Vielleicht steht das Meer für die Nachbarschaft des Tages
oder vielleicht ist der Tag nichts als eine Insel,
eine unter vielen desselben Meers
ohne Ende hinter den Bergen.

¿Y las flores? Las flores, ¿no encarnarán la lucha
de los recuerdos por sobrevivir?
Pero si fuera así, éstos desde luego
no pasarán. Un mercader aguarda en
la playa a los cocheros,
les ordena arrojar su mercancía a las olas por
haber llegado tarde y les señala
la esfera de un reloj, que allá sí puede
llamarse esfera, porque sus agujas
no necesitan de una pared blanca:
flotan por un espacio
igual que peces aunque sin lo errático
de los peces; su extraviarse es cierto,

mucho más cierto que esta poca isla
del despertar donde uno se abraza las rodillas
dobladas y aún conserva en el estómago
el mal de alturas
y en el corazón los ojos tristes
de los cocheros: «No lloréis ya más,
si todo al fin se olvida.»
Mientras en la cercana caballeriza,
cocea en la pared y sueña aún el caballo:
1+2 y 2+1 y 1+7 y 1+1000…

Und die Blumen? Werden die Blumen nicht den Überlebenskampf
der Erinnerungen verkörpern?

Wäre es aber so, wird man sie sicherlich
nicht durchgehen lassen. Ein Händler
bewacht die Kutscher auf dem Strand,
befiehlt ihnen die Ware den Wellen zu übergeben,
weil sie zu spät kamen, er zeigt auf das Rund
einer Uhr, das man dort sehr wohl
Rund nennen kann, weil seine Zeiger
keine weiße Wand brauchen; sie schweben
wie Fische ohne aber zu irren,
ein sicheres Verirren ist es,

viel sicherer als diese ungewisse Insel
des Erwachens, da die Knie
umarmt und im Magen noch den Höhenschwindel
bewahrt und im Herzen die traurigen Augen
der Kutscher: „Weint nicht weiter,
am Ende vergisst man alles."
Während im nahen Stall
das Pferd gegen die Wand stampft und noch träumt:
1 + 2 und 2 + 1 und 1 + 7 und 1 + 1000 ...

Gramática

No llegó a conocerlo
murió niño ni se enteró
de lo que había heredado

Tal día como hoy hace seis
siglos despertaron al virrey
Iban a enseñarle su heredad

Todas las mañanas lo sacaban de la cama
para seguir enseñándole su heredad ysla
a ysla Él apenas muchacho iba pasmado
por la pulpa del oro los colores primarios
de los loros

¿No era hoy cuando le enseñaban al virrey
su heredad? Se la han enseñado Se ha reflejado
la escena en todos los espejos que miran al sur

Hoy le enseñan al virrey su heredad
él adelanta los brazos desde donde se arrodilla como el
donante de un cuadro hasta donde su heredad
está No hay más persona que el virrey más tierra que su
heredad todo es ese momento ni existe otro
sentimiento que gratitud y asombro

Grammatik

Er hat davon nicht gewusst
noch als Kind starb er, ohne zu erfahren
was er geerbt hatte

An einem Tag wie heute vor sechs
Jahrhunderten weckten sie den Vizekönig
sie wollten ihm sein Erbe zeigen

Jeden Morgen holten sie ihn aus dem Bett
um ihn immer wieder sein Erbe zu zeigen Insel
um Insel. Noch ein Jüngelchen war er, verblüfft
von der Fülle an Gold in den Grundfarben
der Papageien

War es nicht heute, da man dem Vizekönig sein Erbe zeigte?
Man zeigt es ihm Die Szene spiegelt sich
in allen nach Süden gerichteten Spiegel

Heute zeigen sie dem Vizekönig sein Erbe
er streckt die Arme vor wie
die knienden Stifter von Bildern
bis wohin sein Erbe reicht. Niemanden gibt es außer dem
Vizekönig, kein Land außer seinem Erbe, alles ist dieser
Augenblick es gibt kein anderes Gefühl von Dankbarkeit und Staunen

Ahora mismo se la están enseñando ¡Contempla los azules
de nacimiento y la terneza de los ciervos
australes! ¡Tu heredad! ¡Mi heredad! El sol un gong en la mar
y lo llevan en barca de jardín en jardín

Mañana le enseñan su heredad Nadie en el virreinato va a
poder dormir ¿Nadie? Los conspiradores sí podrán

¿Siempre le estarán enseñando al virrey su heredad? Dicen
que llevan siglos señalándola y no se le han cansado los mil
brazos morenos diez cien mil con un millón de brazaletes
Que le hacen mirar el sol que sale todo el tiempo dicen que
nunca deja de salir

¿Cuándo le enseñarán su heredad?
Hace falta creer que existen virreyes heredades
en algún lugar del tiempo

No conocerá su heredad Lo han muerto
Han degollado al virrey corred decídselo a su madre

Le dijeron que sería virrey Un pétalo alumbrado
a cada lado por un mundo
Qué sucia mentira

Eben jetzt zeigen sie es ihm. Betrachte das Blau der Geburt
und die Zärtlichkeit der Hirsche der Tierra
australis, Dein Erbe! Mein Erbe! Die Sonne ein Gong im
Meer und sie bringen ihn im Boot von
Garten zu Garten

Morgen zeigen sie ihm seine Erbschaft Niemand im
Vizekönigreich wird
schlafen können. Niemand? Die Verschwörer sehr wohl

Werden sie immer dem Vizekönig sein Erbe zeigen? Seit
Jahrhunderten, sagen sie, zeigen sie es ihm und
ihre tausend braune Arme sind nicht müde geworden, zehn,
hundert, tausend mit einer Million Armbändern, Die ihm
die Sonne sehen lassen die immerfort aufgeht, nie aufhört
aufzugehen, sagen sie

Wann werden sie ihm sein Erbe zeigen?
Man muss glauben, dass es Vizekönige Erbschaften gibt
an einem Ort der Zeit

Er wird von seinem Erbe nicht wissen Man hat ihn umgebracht
Man hat den Vizekönig enthauptet, lauft zur Mutter, beeilt
euch, und sagt es ihr

Man sagte ihm, er würde Vizekönig sein Ein Blütenblatt
auf jeder Seite von einer Welt erleuchtet
Was für eine dreckige Lüge

al desenrollar y desenrollar un tapiz en las obras de reacondicionamiento de un palacio se descubre impresionada en medio de él una grande veladura de luz como carrete quemado que se remonta al día más hermoso de la Tierra en concreto el veinticinco de abril de 1671 fecha en la que la Historia goteó en el ámbar el planeta flotó en el centro del cielo para medro de aves carne de reptil en flor y sobre un mar sin más contaminación que el sonido de las campanas en los puertos cruzó el galeón del rey sí cuando el rey era el rey pero todo era libre

beim Aufrollen und Ausrollen eines Teppichs während der Instandsetzung eines Palasts wird eine große Lasur entdeckt, mitten im Teppich, belichtet wie eine verbrannte Spule, die zurückgeht auf den schönsten Tag der Erde, genau gesagt auf den fünfundzwanzigsten April 1671, Datum an dem die Geschichte in den Bernstein tröpfelte, der Planet in die Mitte des Himmels schwamm zum Gedeihen von Vögeln, blühendem Reptilienfleisch und auf einem Meer ohne weitere Verschmutzung als den Klang der Glocken in den Häfen fuhr die Galeone des Königs durch, ja als der König noch König war, doch alles war frei

Por primera vez estás triste
(Belisario envía tropas a los árboles)

Shhhhhhhhhh,

el pájaro que canta entre dos luces:
el vuelo de dos cuerpos.

La luz entra hasta la corriente.
Sopla el viento, rueda la rueda.
El ruiseñor acaricia la noche con sus axilas añosas,
interior de pájaro.

Estás triste. No estoy triste,
simplemente se te ha enredado el pelo en los abejorros.
El viento es un soplón. ¡Rostro soplón y gris
con tirabuzones de rey y bigotes de gato, pon roja la nariz de
Martin Pebble!

Tú eres la niña rubia que a lo largo de la mañana gira su pupitre
como un girasol.
Tú eres la niña rubia que entrena un pájaro con el brazo izquierdo.
Pero en invierno no existes, te rapta la vieja fea
—raptar a Proserpina para que exista el invierno.

Escucha, el corzo de un solo cuerno en la Toscana,
el que, dicen, dio origen al mito

Zum ersten Mal bist du traurig
(Belisario schickt den Bäumen Truppen)

Shhhhhhhh,

der Vogel, der zwischen zwei Lichtern singt:
der Flug zweier Körper.

Das Licht rückt bis in den Strom hinein.
Der Wind bläst, das Rad rollt.
Die Nachtigall streichelt die Nacht mit ihren betagten Achseln,
Vogelinneres.

Du bist traurig. Ich bin nicht traurig:
Nur mein Haar hat sich in den Hummeln verheddert.
Der Wind petzt. Graue Fratze des Petzers mit Königslocken
und Katzenschnurrbart, lass sie erröten, Martin Pebbles Nase.

Du bist das blonde Mädchen, das im Laufe
                                des Morgens ihre Schulbank dreht
wie eine Sonnenblume.
Das blonde Mädchen, das einen Vogel mit ihrem linken
                                Arm dressiert.
Doch im Winter verschwindest du, entführt von der hässlichen Alten
– Proserpina verschleppen, damit es den Winter gibt –.

Hör zu: der einhörnige Rehgeiß in der Toskana,
von dem die Legende des Einhorns stammen soll, versteckt

del unicornio, vuelve a su boscaje camino de otra edad oscura,
pero antes de adentrarse, gira el cuello.
Entonces, tu mirada de velas trémulas se ilumina más.
Mira, ya comienzan las migraciones de las golondrinas
a países menos democráticos.
Proserpina, la niña que se lleva los jardines
como una tarta de cumpleaños.

Deja en paz los jardines,
no hagas eso.

sich wieder im Dickicht unterwegs
zu einem dunkleren Zeitalter,
bevor er aber einkehrt, dreht es seinen Hals.
Dann leuchtet dein zittriger Kerzenblick etwas stärker.
Schau, die Schwalben ziehen schon
in weniger demokratische Länder fort.
Prosperina, das Mädchen, das die Gärten stiehlt
wie ein Geburtstagskuchen.

Lass die Gärten in Ruh;
Lass es sein.

Aún tienes tiempo. Habrá tres arias más

time lines
Andrew Hill

Quizás te dije un día que las abejas vuelan en la arqueología
de la mirada
y la iluminan. Otras veces te dije que no hacías pie en ti, dentro de ti,
que eras honda como la sofrosyne
—fósil de tu sonrisa o de tu risa— y que una aristocracia
te precedía en los gestos incendiarios.

Tú nunca lo creíste y acaso yo tampoco lo crea ahora.
Conforme con vivir en cualquier bobina de la eternidad,
bebo tan solo el zumo que dejaste.

De repente, me llamas. Raudo con el sombrero, atrapo el pájaro
escapado, teléfono que vibra.
Unas palabras tuyas.
Desde tu balcón arrojas piezas de ajedrez a la cúpula.
Son así tus casi treinta años, te han enseñado
que los sueños no nos apartan del todo de este mundo
y que el día tras la revolución,
o la noche de amor, también lo viviremos. Tus casi treinta años
han convertido el verbo ser en adorar
y tal vez, con los brazos no libres, sino abrazados,
sucede lo que a todos nos es dado:

Du hast noch Zeit. Es gibt noch drei Arien.

time lines
Andrew Hill

Vielleicht sagte ich dir einmal, dass die Bienen in die Archäologie
des Blickes fliegen
und ihn zum Leuchten bringen.
Ein anderes Mal habe ich dir gesagt, in dir kann man keinen
Fuß fassen, in deinem Inneren,
du bist so tief wie eine Sophrosyne
– das Fossil deines Lachens oder Lächelns – und eine Aristokratie
geht dir voran in den Gesten deiner Brandstiftung.

Hast es nie geglaubt und vielleicht glaube ich es heute auch nicht.
Zufrieden, in irgendeiner Spule von Ewigkeit zu leben,
trinke ich nur den Saft, den du übrigließt.

Plötzlich rufst du mich an. Schnappe hastig mit dem Hut
den verflogenen Vogel, das bebende Telefon.
Worte von dir.
Wirfst gerne von deinem Balkon Schachfiguren in die Kuppel.
So sind deine fast dreißig Jahre, du hast gelernt,
dass Träume uns nicht ganz von dieser Welt abbringen
und wir den Tag nach der Revolution,
oder der Liebesnacht, auch überleben werden. Deine fast dreißig Jahre,
haben das Verb „sein" in „verehren" verwandelt
und vielleicht ergibt sich mit unfreien, umschlungenen
Armen das, was uns allen gegeben ist:

devorar un nombre —como la oruga una hoja— y existir.

Azúcar en las alas. Un pájaro vuela dentro
de otro pájaro que vuela.
El instante asoma del agua sus ojos de cocodrilo,
te haces el lazo de Moebius en el pelo y te vuelves.
Ahora otra vez corro a ti por las mañanas ab urbe fiorita bajo
las tejas iluminadas.
Ahora te llamo yo, el tono del teléfono [– – – –]
y un planear breve, rítmico
de un pájaro, time lines y más time lines... ¿Sí?
¿Dígame?

Ya he salido me dices,
ya
casi estoy
aquí.

einen Namen verschlingen – so wie die Raupe das Blatt –
und nicht als existieren.

Zucker auf den Flügeln. Ein Vogel fliegt
in einen anderen fliegenden Vogel.
Die Sekunde hebt ihre Krokodilsaugen aus dem Wasser,
in deinen Haaren bindest du eine Möbiusschleife, drehst dich um.
Jetzt laufe ich dir wieder nach ab urbe fiorita, morgens zwischen
strahlenden Ziegeln.
Jetzt rufe ich dich an: der Ton des Telefons [– – – –]
und das rhythmische kurze Auffliegen eines Vogels,
time lines und mehr time lines und time lines …. Ja?
Hallo?

Bin schon auf dem Weg, sagst du,
bin
fast schon
da.

Dicha de vieja

El sabor de las semillas
de la fruta es
el de la almendra
No importa si es sandía
o es manzana
o limón
la semilla les sabe siempre a
almendra
amarga y así el beso
más dulce
astringe alude
al dicho de la vieja
"Zerbinetta"
que ya no hay quien
la engañe y aconseja:
antepón a la vida el
recuerdo
selectivo
la dicha es preferible
sin obstáculo
como la fruta en
las tartas de fruta
inteligentemente
escarchada
vale con

Glück einer Alten

Die Samen der Früchte
schmecken nach
Mandeln
Gleich ob es Wassermelonen,
Äpfel
oder Zitronen sind
der Samen schmeckt
immer nach bitterer
Mandel so auch der süßeste
Kuss
zieht sich zusammen spielt
auf den Spruch der alten
Zerbinetta an
dass es niemanden mehr gibt
der sie täuscht und berät:
gib der selektiven
Erinnerung
Vorrang vor dem Leben
das Glück ist
ohne Hindernis vorzuziehen
wie die Frucht
in den Obstkuchen
die man behutsam kandierte
es genügt
ein Stückchen vom Stück

la cuña de la cuña
Interioriza al ruiseñor
que en la noche
esparce sus sentidos
para otros
desde luego no
envidies a la
lavandera
por sus teticas que vienen
del corazón
como olas con guinda
y amar lo que es amar
mejor al pez
en cuyo transparente
cerebro
se alumbra un rayito
azul

Verinnerliche die Nachtigall
die in der Nacht
ihre Sinne verstreut
für andere
und beneide
nun wirklich nicht
die Wäscherin
für ihre kleinen Busen
die vom Herzen kommen
wie Wellen mit einer Kirsche
und lieben, was lieben ist
lieber dann einen Fisch
in dessen durchsichtigem
Hirn
ein kleiner blauer Strahl
aufleuchtet

Imperativo de pasado

Tuvistí conmigo
distemí la mano

—le dice en una lengua

le habla en imperativo
de pasado
Vinistí distemí

la mano

Distimilá
Hay ciertos ruiseñores
por los que mana de mañana
el canto de la noche

Era uno de ellos Uellos
nidios mis ojus

Y con tanta rabia
llora que hace ondear
un lienzo bajo las montañas

¡Eso tenía!
Que le enfermó el pasado

Imperativ Perfekt

Habdugehabt, was mit mir,
hab du mir die Hand gegeben

– sagt sie ihm in einer Sprache

sie spricht in der Befehlsform
der Vergangenheit
Sei gekommen, hab mir gegeben

die Hand

Hab sie mir gegeben
Nachtigallen soll's geben
für die morgens
das Nachtlied quillt

Sie war so eine nachtegal, Augen
liuhtend meine ougen

Und sie weint mit solcher Wut,
daz unter den bergen
ein Tuch sich wellt

Das war's!
An Vergangenheit erkrankt!
Kein Hinaus noch alein sin

No hay salida ni hay soledá
abrirunse los dias
Entraremus
al pasado

como las bezbas
entran a las floris
i de las floris
van a las celdas
i vuelven a las floris

*

Lago en la isla
¿probarás el océano?
Lo probaste Será
o fue es

Un terremoto
es menester Un terretemblo
Ojus de la color
que gotea pupila
de lo que falta

Falta menos Un velo
mus aparta Sacastemí
el velo Mus aparta
morir

Es öffnen sich die Tage:
hineingehen werden wir
in die Vergangenheit

wie di bienen
in di bloumen gēn
und von den bloumen
in den bîen-stock
und zu den bloumen *ze rucke*

*

See auf der Insel:
Wirst du den Ozean kosten?
Ausgekostet – was es sein wird
oder war ist

ein Erbeben
ist nōt Ein Erdzittern
ougen, di varwe
tröpfelnd, pupillen
von dem waz fehlt

Und weniger fehlt Ein Schleier
trennt unsich Hab mir den Schleier
gerissen Unsich trennt
das Sterben Hab mir
die Hand gegeben

Distemí la mano

*

¡Distimilá!
Esta herida
en el otro mundo
es una flor

de otro mundo
Pupilas dilatadas Se levanta
Camina por el jardín
En esta escena
cantan los ruiseñores

cantan tan fuerte
que se van a morir
que hasta se saliniza

el lago
de deseo Y cuando cree
que amanece

¿Quién va eres tú
todavía eres
tú (y quería decir
Eres ya tú)

*

Hab sie mir gegeben!
Diese Wunde
in der anderen Welt
ist eine Blume

nicht von dieser Welt. Pupillen, weit aufgerissen Sie steht auf
Wandelt durch den Garten
Die Nachtigallen singen
in diesem Aufzug

so laut singen sie,
dass sie sterben werden
bis der See

aus Verlangen
versalzt Und wenn sie denkt
es dämmert

Wer ist es, der hier geht,
immer noch
du (und wollte sagen
Bist du es *schon*)

mîn minne?

amor mío?

*

Los ojus i las manos
Lo que fuera
que veía tenía

Cáliz que delimitan
dos rostros enfrentados
Ya estáis
Besaos la frente
el tiempo

los ojus y la boca El corazón

ya está
ya tiene el vino

*

Di ougen und di hant
Was auch immer sie sah
hatte sie

Kelch, gezeichnet
von sich blickenden Gesichtern
Das war's!
Küsst eure Stirn
die Zeit

di ougen und den Mund Das Herz

es ist vollbracht
voll des Weines

Poezyias

> *Estonses, muestros nombres*
> *se van a grabar en los caminos de secreto*
> *y van a abrir las puertas de union.*
>
> Margalit Matitiahu

Para dizir tu nombre
Ishaak un foyiko en la arina
como para poner la yema
la golor del pan temprano
para dizir Ishaak

***

De noche mus eskondemos
en los arvoles
pero tenemos miedo
tenemos miedo
sentimos que Dyo
va a abrir los ojos
adyentro el bosko

***

Unto tus ojos
kon solombras del bosko
para ke no amaneska

Gedichte

*Also werden unsere Namen
sich einschreiben in die Pfade des Geheimnisses
und die Türen der Verbindung werden sich öffnen.*

Margalit Matitiahu

Um deinen Namen zu sagen
Ishaak eine Mulde im Mehl
wie um Eigelb zu legen
der Duft des Brots in der Frühe
um Ishaak zu sagen

***

Nachts verstecken wir uns
in den Bäumen
doch wir haben Angst
haben Angst
wir spüren dass Gott
die Augen öffnen wird
da drinnen im Wald

***

Ich salbe deine Augen
mit den Schatten des Waldes
damit der Morgen nicht kommt
Ich decke deine Augen

Tapo tus ojos
siento en mis manos
el kanyiko de leche
de tus parparos

***

Salamankesas blankas mutchas la mañana

***

Tan serka
De te a mi una
shushuteada
lingua de amor
apenas
nada un pesh
ke traversa una onda de agua

***

Mus kambiamos la kolor
de muestros ojos
de un kantaro a otro kantaro
sin ke si pierda gotika

***

in meinen Händen spür ich
den Strahl der Milch
deiner Wimpern

***

Weiße Geckos viele am Morgen

***

So nah
von dir zu mir eine
geflüsterte
Sprache der Liebe
kaum
nicht mal ein Fisch
der durch eine Welle fließt

***

Wir tauschen die Farbe
unserer Augen
Von Krug zu Krug
kein einziger Tropfen verfließt

***

Weiß weiß dein Bauch

Tu vientre blanka blanka
puerta de la flor partidor de la nyeve
Alma que es tu puerpo
arrelumbrado con un pavil de azete

***

Mashala!
Muestras manos emprenyan a los pasharos

***

I tu soplo
i mi soplo
una zierva
una zierva
bushkando
por el tyempo
por el espacio
bushkando
la firida

***

Adyentro una almendra
avia dos amantes

***

Türe der Blume schleust den Schnee
Seele die dein Körper ist
von einer Öllampe erleuchtet

***

Inschallah!
Unsere Hände schwängern die Vögel

***

Und dein Atem
Und mein Atem
ein Hirsch
ein Hirsch
der durch die Zeit
sucht durch den Raum
der sucht
nach der Wunde

***

In einer Mandel
waren zwei Liebende

***

Und die Wurzeln deiner Stimme

I las rayizes de tu boz
i tus palavras antiguas
me facen un ninyo
djugando en el djardino

***

Sonye kontigo

Me deshaste una lyave

***

Muestros puerpos un dezyerto
montanyas
onde los pasharos
kantan diferente

***

En el enves de los parparos
sinyos de otros
ke ficieron
este mizmo kamino i
lo tatuaron
para el peregrino
un serklo una mano
una vela de agua

und deine alten Worte
machen mich zu einem Kind
das im Garten spielt

***

Ich träumte von dir

Einen Schlüssel hast du mir hinterlassen

***

Unsere Körper eine Wüste
Berge
wo die Vögel
anders singen

***

Hinter den Lidern
Spuren von anderen
die denselben Weg gingen
ihn eintrugen
für den Pilger
einen Kreis eine Hand
eine Kerze aus Wasser

***

Un beziko solo mi vistia
i aun ese
me desenyudates

***

Desmudava tu puerpo adyentro mis manos;
los ke estu vyeron
van dizyendo aora palavras
ermozas i antiguas

***

I el nombre tuyo
i el nombre mio
los amatamos con muestros dedos
komo a dos mariposikas
ke si adjuntan

***

Al kayersi las foyas mus fazen ondos
mus meten en el bosko

***

Nur ein winziger Kuss kleidete mich
doch sogar diesen
zogst du mir aus

***

Zwischen meinen Händen entkleidete sich dein Körper
jene die da waren
sagen jetzt schöne
alte Wörter

***

Und dein Name
und mein Name
wir banden sie mit unseren Fingern
wie zwei Schmetterlinge
die ineinander aufgehen

***

Die fallenden Blätter machen uns tief
legen uns in den Wald nieder

***

El kamino
iva por la karta
¿Mus apartan los anyos
o mus avezindan?

***

Der Weg
ging über den Brief.
Entfernen uns die Jahre
oder bringen sie uns näher

Un amor supremo

———————cuando en otoño atrasan el reloj———————
y es una hora más tarde para el cuerpo
y una hora más pronto para el alma
somos jóvenes
nuestra sangre
ya refleja el edén

ya no es que nuestras vidas
vayan a dar al mar
están cayendo ahora una cascada
como el amazonas
cayendo ahora
en Tu Corazón

prendida la luz eléctrica de la luna
granjas industriales
pupilas de los gatos
en los carteles de busco a mifú
acostados los niños por edades
4 6 9 12
cuando engüera
la calandria una bombilla
cabecean los guardas de
los parques naturales
las cámaras de seguridad

Eine höchste Liebe

———————wenn man im Herbst die Zeit vorstellt ———
und es ist eine Stunde später für den Körper
und eine Stunde früher für die Seele
wir sind jung
unser Blut
spiegelt bereits das Paradies zurück

unsere Leben münden schon
nicht mehr im Meer
sie stürzen gerade hinab ein Wasserfall
wie der Amazonas
der jetzt hinabstürzt
in Dein Herz

das elektrische Licht des Mondes angezündet
industrielle Bauernhöfe
Katzenpupillen
in den Anzeigen von „Ich suche Mifu"
die Kinder je nach Alter ins Bett gebracht
4 6 9 12
wenn die Heidelerche
eine Glühbirne brütet
nicken die Wächter
der Naturparks ein
die Überwachungskameras
zeichnen Spuren auf

graban huellas
dibujándose solas
las babosas cruzan autopistas silentes
y avistan los astrónomos
enanas rojas y estrellas extintas

es la hora juntamos
mano y mano
Señor Lengua Cuyos Nombres
Son Animales

Sírvenos La Cena
de madrugada Sácanos de la cama
y Dinos que vamos a tomar
El Alimento
porque es de noooche porce-
lana negra porque

ya no es bonito nada todo es feo
abejas y bisontes
gorriones manatíes
asnos y escarabajos lagartijas
tilacinos corales y
luciérnagas hace tiempo
que se extinguieron para reencarnarse
en junglas valles
sierras y desiertos
de hombres y mujeres

die sich selbst porträtieren
die Nachtschnecken überqueren stille Autobahnen
und die Astronomen sichten
rote Zwerge und verloschene Sterne

es ist die Stunde
wir legen unsere Hände zusammen
Herr Sprache Dessen Namen
Tiere Sind

Reiche uns das Abendessen
in der Früh Bring uns aus dem Bett
und Sage uns wir werden
die Nahrung essen
weil naaachts schwarzes
Porzellan ist weil

schon nichts mehr schön ist alles ist hässlich
Bienen und Bisons
Spatzen und Seekühe
Esel Käfer Eidechsen
korallenrote Beutelwölfe und
Glühwürmchen die vor langer Zeit
ausstarben um wiedergeboren
zu werden in Dschungeln Tälern
Bergen und Wüsten
von Männern und Frauen
mit der Seele verfolgter Tiere

con almas
de animales perseguidos
párpados se cierran
pétalos se abren
en un día del edén
párpados nenúfares
sobre la visión
del edén que a estas horas
nos humedece el pelo lanza arroyos
entre camas de hospicios y presidios

negra pompa que junta

los sueños agitados
despertares en salas de cuidados
intensivos letargo de ex-
tremófilos ECMs
el coma todo junto
con el continente onírico
de la hibernación del último
oso

todo el invierno ya una sola
bola de nieve

arde claro de bosque
bulbo del corazón
es hora prende saca
la lengua tu jacinto

Augenlider schließen sich
Blütenblätter öffnen sich
an einem Tag im Paradies
Seerosenlider
über die Vision
des Paradieses das uns in diesen Stunden
das Haar benetzt, Bäche
schleudert zwischen den Betten von Heimen und Karzern

schwarze Pracht die unruhige Träume

zusammenführt
Erwachen in Intensivstationen
Winterschlaf von Extremophilen Nahtoderfahrungen
das Koma alles zusammen
mit dem Traumkontinenten
der Hibernation des letzten
Bärs

der ganze Winter schon nur eine einzige
Schneekugel

lodere auf, Waldlichtung
Zwiebel des Herzens
es ist die Stunde entflamme strecke
deine Zunge raus deine Hyazinthe
du Zunge raus mit der Sprache

tú lengua di lenguaje
que se adorne y se asombre
habla llama a cenar

a Ángeles y a Muertos
y Ángeles y Muertos
se vuelvan girasoles
hacia Él

catedral bosque tallado
por ebanistas
adentro de una mina de carbón
arde

Llama que No Se Extingue
Hoguera Que No Se Extingue
Incendio Que Nunca Se Extingue

porque es de noooche
umbrales o corolas
que perfuman las puertas
con su luz al dejar paso a los últimos

leones ascendiendo escalinatas
¿dónde vais? a otros leones
a abrirlos como llaves
y a cerrarlos

dass sie sich schmücke und staune
sprich rufe zum Abendessen

Engel und Tote
und Engel und Tote
es drehen sich die Sonnenblumen
in Seine Richtung

Waldkathedrale von Tischlern
geschnitzt
in einer Kohlenmine
lodere auf

eine Flamme Unauslöschlich
Lagerfeuer Unauslöschlich
Brand Unauslöschlich

weil es naaachts ist
Schwellen oder Blumenkronen
die Türen in Duft hüllen
mit ihrem Licht, wenn die letzten Löwen vorbeiziehen

die Treppen hinaufsteigen
Wohin geht ihr? Zu anderen Löwen
um sie zu öffnen wie Schlüssel
um sie zu schließen

tiempo llega al espacio

engalaná el planeta con espejos
que reflejen el cielo
sin pausa porque la tierra
es cielo que está viniendo
y sus valles son golfos
donde el cielo ya ha entrado
montañas cabos del cielo
templos de la ciudad
que desciende columnas
como caudas de cometas
puentes todos levadizos

abríos
a Él porque es de nooooche
porque nadie ha querido esta carne
y la luna que sale sobre el zoco
y el esputo de los crueles
la han agusanado

uñas pelo y sudor
¿pero quién llega
cuando ya han clausurado
los puestos enrollado las alfombras
quién da por esta carne
no una moneda sino el mercado
menos una moneda el infinito

Zeit erreicht den Raum

Schmücken sollt ihr den Planeten mit Spiegeln
die den Himmel spiegeln
ununterbrochen, weil die Erde
Himmel ist, der eben kommt
und ihre Täler Buchten sind
in denen der Himmel schon eingedrungen ist
Berge der Kap von Himmeln
Tempel der hinabsteigenden Stadt
Kolumnen wie Kometenschweife
alle Brücken Fallbrücken

öffnet euch
Ihm weil es naaachts ist
weil niemand dieses Fleisch gewollt hat
und der Mond über den Markt steigt
und die Spucke der Grausamen
ihn madig machen

Nägel Haar und Schweiß
Doch wer kommt,
wenn sie schon die Stände geschlossen
die Teppiche eingerollt haben
wer gibt für dieses Fleisch
nicht eine Münze sondern den Markt
abzüglich einer Münze das Unendliche
abzüglich eines Körpers?

menos un cuerpo?
Porque nadie ha querido esta carne
pero Él Sí Tú Sí
Mi Señor Sí

río de apresurada sangre y llanto
orina y sudor río
río endulzo el mar
oh injértame los tuétanos
en melocotonero
florecido

Ama esta pena en pie
cartílago y cabello

Tú Que Tienes
la barba de madera ensortijada
el blanco de los ojos
marfil Vistes un sayo de moaré
como un everest
artesonado por dentro

Hueles a una mezcla
de muchas velas lirios
y suelo encerado y
pisado por Santos
que arrastraban los pies

Denn niemand hat dieses Fleisch gewollt
doch du Er Ja Du Ja
Mein Herr Ja

Fluss von beschleunigtem Blut und Weinen
Urin und Schweiß Fluss
Fluss ich versüße das Meer
oh, pfropfe das Mark
in den blühenden
Pfirsichbaum

Liebe dieses aufrechte Leid
Knorpel und Haar

Du der du den einen lockigen
Bart aus Holz trägst
das Augenweiß aus
Elfenbein Du trägst ein Moiré-Gewand
wie ein im Inneren getäfelter
Everest

Du duftest nach einer Mischung vieler Kerzen Lilien und
einem Boden
gebohnert und betreten von Heiligen
die ihre Füße schleiften

Tú Que Tienes
los ojos debajo de las alas
pico de pájaro pero sonríes Señor
con la sonrisa enigma
de un polluelo rapaz
y famélico

Sírvete la cena
en mitad de la noche

Quebranta mis huesos y Aletea
Chilla y Lánzame Señor
una y mil veces
desde el cielo
para sacar de mi tuétano
tu regaliz mi alma

Quebrantamishuesoseñor
Quebrantamisórganoseñor

Descórchameyquítamelosueños-
laspesadillasyeldeseo-
eldeseoeldolorysacaungéiser-
pormibocadesdemihermanoydesdemiamigoseñor-
ydesdetodosloshombresymujeres-
parientesallegadoslosmendigos
atodoslosqueaméylosqueafrenté-

Du der du die Augen
unter den Flügeln birgst
Schnabel eines Vogels doch lächelst du Herr
mit dem rätselhaften Lachen
eines raubgierigen
und hungrigen Kükens

Reiche dir das Essen
mitten in der Nacht

Brich meine Knochen und schlage mit den Flügeln
schreie und schleudere mich Herr
einmal und tausendmal
vom Himmel
um aus meinem Knorpel
deine Lakritze meine Seele zu auszupressen

Brichmeinekknochenherr
Brichmmeineorganeherr

Entkorkemichnehmemirdieträume-
diealbträumeunddasbegehren-
dasverlangenunddenschmerzundzieheeinengeiser-meinenmu
ndherausvonmeinembruderundmeinemfreundherr-
undvonallenmännernundfrauen-
verwandtenvertrautendiebettler-
vonalljenendieichliebteunddenendieichbeleidigte-

Quebrantamishuesoseñor
Quebrantamisórganoseñor

Descórchameyquítamelosueños-
laspesadillasyeldeseo-
eldeseoeldolorysacaungéiser-
pormibocadesdemihermanoydesdemiamigoseñor-
ydesdetodosloshombresymujeres-
parientesallegadoslosmendigos-
atodoslosqueaméylosqueafrenté-
yanimalesyhastalasmalashierbasquearranqué-
yelgecoqueaplastésinunmotivo-
oelvolantónquenotomédelsuelo-

arráncametodoelamordelmundoseñor-
tiradelasraíceslabelleza-
sacaungéiserdemíunsologéisermuybonitoymuyalto-
señordetucorazónporloscorazonesdetodosypormicorazón-
enjúgamelcuerpoquecomouniñoserresistíalbaño-
ysuéltameneljardín

HabibdehabibA

Brichmeinekknochenherr
Brichmmeineorganeherr

Entkorkemichnehmemirdieträume-
diealbträumeunddasbegehren-
dasverlangenunddenschmerzundzieheeinengeiser-ausmeinen
mundherausvonmeinembruderundmeinemfreundherr-
undvonallenmännernundfrauen-
verwandtenvertrautendiebettler-
vonalljenendieichliebteunddenendieichbeleidigte-

Undtiereundsogarunkrautdasichherausriss-
unddergeckodenichgrundloszerquetschte-
oderdenjungenvogeldenichnichtvombodennahm-

Reißemiralleliebederweltabherr-
ziehausdenwurzelndieschönheit-
reiseinengeiserausmireineneinzigensehrschönenunhohengeiser-
herrdeinesherzenfürdieherzenallerundfürmeinherz-trockne-
mirdenkörperabwieeinkinddassichdembadwidersetzte-
undentlassemichindengarten

HabibvonhabibA

AmordelosamoreS
~~~~~~~~~~~~~~~~
~~~~CuerpodeloscuerpoS~~~~
VidperasymanzanaS
~~~~~~~~~~~~~~~~~
~~~~~~~~~~~~~~~~~~~~
~~~~~~~~~~~~~~~~~~~~~~~~~~~~~~~~~
~~~~~~~~

LiebederLiebeN
~~~~~~~~~~~~~~~~~
~~~~~~KörperderKörpeR~~~~~~
RebebirneundÄpfeL
~~~~~~~~~~~~~~~~~~~~~~~~~~~~~
~~~~~~~~~~~~~~~~~~~~~~~~~~~~~~~~~
~~~~~~~~~~~~~~~~~~~~~~~~~~~~~~~~~
~~~~~~~

¿Y si nos vamos

tú y yo a un pueblo
a esperar el pan
a la hora del pan

bandadas dibujadas
en los platos de un trazo
agricultura
románicaymarrónyrrosa

y a la tarde
de un como sol de té
nos decimos Qué has hecho
pues he pintado esto
o has visto qué bonito

que desde aquí se ve
estevalleestevalleestevalle
y volamos

volamos tú y yo
en un carro
tirado por un solo
pajarico que canta
                ahora?

Wie wär's, wenn wir gehen

du und ich in ein Dorf
um aufs Brot zu warten,
zur Stunde des Brots

Vogelschwärme gemalt,
auf Tellern mit einem einzigen Strich
Ackerbau
romanischundbraunundrosa

und am Abend
in so einer Art Teelicht-Sonne
fragen wir uns Wie war dein Tag
ja, dieses habe ich gemalt
oder schau wie schön

denn von hier sieht man
diesTaldiesTaldiesTal
und wir fliegen

fliegen du und ich
in einer Kutsche
gezogen von einem einzigen
Vögelchen, das *jetzt*
                singt?

Hinweis:

Die Satzzeichen der verschiedenen Gedichte in der deutschen Übersetzung sind vom spanischen Original übernommen worden und sind von dem Autor absichtlich so gewollt

Nachwort

Das Paradies steht zur Wahl

„Dieser Vogel – wo kommt er her" lautet die Frage zu Beginn eines Gedichts von Juan Andrés García Román. Ein Vogel, der hier für den ewigen Augenblick der Poesie steht, über allem schwebend, doch nirgends zu verorten: „Und da ich es nicht weiß / kann ich es sagen // Dieser Vogel kommt aus dem Paradies". Es soll ihn also doch noch geben, den Eden der Poesie, die Suche nach der Blaue Blume, scheint hier der spanische Lyriker zu suggerieren. García Románs Provokation ist es, in unserer postmetaphysischen Zeit, die sich von allen Illusionen verabschiedet hat, noch immer romantisch zu dichten. Ohne Schwärmerei, freilich, sondern mit einer unbeugsamen, ironischen Verzweiflung: Die Mythen sind zerbrochen oder haben sich erschöpft, doch mit ihren Scherben lassen sich wunderschöne, surreale Spiegelungen sowie lyrische Erzählungen oder schillernde Pastiches schöpfen. Mit seinem neuromantischen Programm unternimmt García ein formales Wagnis, das ihm auch dank seiner profunden Kenntnis der poetischen Tradition gelingt – vom biblischen Hohelied bis zur sephardischen Dichtung des spanischen Mittelalters, bis hin zu Góngora und Lorca – sowie dank seiner virtuosen Beherrschung der poetischen Mittel, die er in seinen vielgepriesenen Übersetzungen von Hölderlin, Novalis und Rilke verfeinern konnte.

„Es öffnen sich die Tage: / hineingehen werden wir / in die Vergangenheit" heißt es in „Imperativ Perfekt", ein rückwärtsgewandtes Gedicht, das davon träumt, durch eigene Weisungen die Vergangenheit zu verändern. Die Romantiker wurden wegen ihres beharrlichen Widerstands, mit der realen Welt zurechtzukommen, der Unreife bezichtigt. Eine solche – womöglich schmeichelhafte – Kritik könnte man García Románs Lyrik vorbringen, der in seinen Versen immer wieder die Schwelle zwischen Kindheit und Erwachsenenalter, zwischen märchenhafter Verzauberung und prosaischer Entzauberung thematisiert: „Wenn ich morgen früh aufstehe, um zur Schule zu gehen doch an meiner Bank sitzt schon das Mädchen Tod", liest man im Gedicht „Requiem und Fuge sehr weit". Der Dichter würde am liebsten vor dieser Schwelle bleiben, das Kindsein nie verlassen, doch der Infantilismus einer solchen Haltung ist ihm bewusst. Er selbst diagnostiziert, dass er „Vergangenheit erkrankt" ist, und bringt in seinen Versen immer wieder die existenzielle Not des Gespaltenen zum Ausdruck, „der sein Leben irgendwie hinter Möbeln verbringt, in den chimärischen Albträumen des Wer-Weiß, Wer-bin-ich."

Wenn romantische Dichter dem Traum weiterhin huldigen, zumal der „Abgrund des Nichtgeträumten, vielleicht tiefer reicht als der des Nichtgelebten oder Nichtgeliebten", kommt jedoch irgendwann der Moment, an dem sie erfahren, „dass sie selbst so wie die anderen sind, vertrocknete Blumen / eines Zweiges im Schlafzimmer einer Witwe – und dass die Blüte, die sich nicht geöffnet hat, ... sich niemals öffnen wird." Oder eben doch, und es wird nur dann passieren, „wenn die Witwe zur knarzenden Tür / hinauskommt und sie neben das übrige Gerümpel hinstellt / unter den Sternen, die immer fetter werden." Diese wenigen Verse illustrieren die Virtuosität und Ironie von García Románs Verfahren, der hier mit dem Mittel des Bathos operiert, Hohes mit Niederem verbindet und die Topoi der romantischen Mythen umkehrt.

„Vogelschwärme gemalt, /auf Tellern mit einem einzigen Strich": Viele Gedichte des andalusischen Dichters sind fein ziseliert, sie wirken zart wie Porzellan. Doch die ätherischen Visionen sind bloß die Kehrseite eines unterschwelligen Ringens mit der Materie. Der romantische Traum einer Verschmelzung mit dem Kosmos, einer Universalpoesie, spiegelt sich in der Verschmelzung auch sprachlicher Strukturen wider, paradigmatisch etwa im Gedicht „Höchste Liebe", das gegen Ende aus lauter Wortketten besteht, „Brichmeineknochenherr", sowie aus Reihungen ohne Syntax: ~~~~~~KörperderKörpeR~~~~~~. Im Wunsch nach Auslöschung wird auf einmal die Wesenheit des Körpers, der rohen Materie - und seien es nur reine Zeichen - gewürdigt als handelte es sich um eine Offenbarung. Die Anrufung des Herrn, der Verweis auf die Passionsgeschichte, zeigen wie dem Dichter jene romantische Auflösung der Realität unheimlich vorkommt, die er sich programmatisch vorgenommen hat.

Formelles Experimentieren, Fragmentarisches, Surreales, Märchenhaftes, Ironisches wechseln sich ab in der erstaunlichen Poesie des andalusischen Dichters, deren Musikalität betörend ist. Vielleicht sollte man sich beim Lesen von García Románs Gedichte ausschließlich auf den Fluss der Bilder und den Klang einlassen, denn in seinen Versen lösen sich die Gedanken schließlich auf, um immer mehr reine Musik zu werden. So insbesondere in den zwei Liebesgedichten „Imperativ Perfekt" und „Poezyias", die teils auf Judenspanisch verfasst sind, der sephardischen Sprache. Im ersten Gedicht hat der Übersetzer eine Entsprechung im Mittelhochdeutschen gesucht, wegen der für heutige Leser zwar fremden, aber zugleich erkennbaren Klänge: „wie di bienen / in di bloumen gēn / und von den bloumen / in den bîen-stock / und zu den bloumen ze rucke." Das zweite Gedicht steht in der Tradition der religiösen Liebesmystik „Nur ein winziger Kuss kleidete mich / doch sogar diesen / zogst du mir aus." Wenn in einem weiteren erotischem Gedicht „Schau dich an" García Román den Topos des verwundeten Hirsches verwendet, „la cierva", stammend von Juan de la Cruz, verhilft eine weitere Zeitreise den Übersetzer zum einen schönen Fund – „die Hirschin" – bei dem Romantiker Tieck.

„Prophezeiung nach der Natur", das titelgebende Gedicht, ist nicht weniger als eine in expressionistischen Farben gemalte Vision der Apokalypse. Die „Erde, die blau ist, weil der Mensch gerecht ist" ist nun rot geworden, der Planet geht in Flammen auf: „das Aquarium wird in Stücke bersten / all die Fische, werden verzweifelt ihre Mäuler öffnen und / das neue Zeitalter verkünden // einer roten Erde." Also doch nicht das Paradies, denn die „Blaue Blume" verdorrt? García Román flieht mit seiner Poesie nicht vor der heutigen brennenden Welt, sondern zeigt ihre Wunden auf und sucht mit verzweifelter, ironischer Beharrlichkeit nach dem einem Spiegel, der uns das Blau des Himmels wiedergibt, jene Fähigkeit, andere Welten sich vorzustellen, wie es im Gedicht „Höchste Liebe" heißt: „Schmücken sollt ihr den Planeten mit Spiegeln / die den Himmel spiegeln / ununterbrochen, weil die Erde / Himmel ist."

Piero Salabè

Im Sujet Verlag erschienen

Syrien, ein Kissen für Himmel und Erde

von Adonis
mit Fotos von Fadi Masri Zada

aus dem Arabischen von Suleman Taufiq

Lyrik

1. Aufl. 2022, Klappenbroschure
210 farbige Seiten, 39,80€
ISBN: 978-3-96202-090-3

Ein Buch der Poesie des großen syrischen Dichters Adonis und der Fotografien von Fadi Masri Zada. Der Band vereint beeindruckende Bilddokumente aus Syrien aus der Zeit vor Beginn des Krieges und sie begleitende Gedichte. Jedem einzelnen Bild stehen komplementäre, kommentierende oder reflektierende Verse zur Seite. Der künstlerische Dialog von Adonis und Fadi Masri Zada macht die menschlichen, materiellen und kreativen Seiten Syriens sichtbar. Das Land wird durch stille Landschaften und Wüsten ebenso repräsentiert wie durch Gesichter, Porträts oder Menschen in weiten Einstellungen, auf die Adonis in seinen Worten antwortet. Der Dichter stellt sich in den Dienst des Fotografen, an den er sich wendet, um ihm zugleich seine Bewunderung zu zeigen. Ihr gemeinsames Werk ist eine Ode an Syrien.

Sei bereit, du Sprache,
um in den Schatten dieses Kindes einzutreten.
Nach einer Weile,
beginnt das Meer über die Reise zu schreiben.

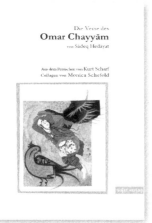

Die Verse des Omar Chayyām
von Sādeq Hedāyat

Übersetzt und mit einem Nachwort versehen von Kurt Scharf

Collagen von Monica Schefold

Lyrik

1. Aufl. 2022, Klappenbroschure
278 farbige Seiten, 22,80€
ISBN: 978-3-96202-108-5

Den Versen von Omar Chayyam (1048– 1131), dem persischen Dichter, Mathematiker, Philosophen und Astronomen kann man sich nicht entziehen, sie gehen unter die Haut. Unausweichlich konfrontieren sie uns mit der Endlichkeit der eigenen Lebenszeit. Wir wissen nicht, woher wir kommen noch wohin wir gehen. Was wir haben, ist allein das Jetzt, der Augenblick. Erfreuen wir uns am Heute, denn das Morgen hat niemand gesehen. In bildhafter Sprache setzt Chayyam einem Paradies im Jenseits ein Leben im Diesseits entgegen: als Poet besingt er Sinnenfreude, Lebenslust und die Schönheit der Natur, als Wissenschaftler und Philosoph entlarvt er mit Eloquenz und Spott Aberglauben, religiöse Märchen und Mythen. Die Auswahl der Verse mit kenntnisreichem Blick für ihre Authentizität stammt von dem iranischen Dichter Hedayat (1903 Teheran – 1951 Paris), dessen poetisches Essay in Leben und Werk Chayyams einführt. Mit der schönen, eingängigen und gereimten Neuübersetzung von Kurt Scharf und seinem wirkungsgeschichtlichen Nachwort sind die Verse von Chayyam existentielle Botschaften aus dem Morgenland des 11./12. Jahrhunderts für das heutige Abendland. Mit der Kalligrafie der persischen Schrift und den Collagen von Monica Schefold ist die zweisprachige Neuausgabe im Sujet Verlag eine bibliophile Kostbarkeit.

Unsichtbare Brüche
von Widad Nabi

aus dem Arabischen von Suleman Taufiq

Lyrik
1. Aufl. 2021; Klappenbroschur
68 Seiten; 14,80 €   ISBN: 978-3-96202-094-1

Arabisch-Deutsch
1. Aufl. 2021; Klappenbroschur
112 Seiten; 16,80 €   ISBN: 978-3-96202-111-5

Widad Nabis Gedichte handeln von der unergründlichen Liebe, dem Zurückblicken auf die Vergangenheit, der Suche nach dem Zuhause. Offen feministisch gibt die Lyrikerin einen Einblick in ihre Identität als Frau und Mutter. Gewohnt persönlich und nahbar verarbeitet sie in ihren Gedichten auch ihre Erfahrungen mit Krankheit und Leid. Die Kontaktaufnahme mit anderen Kulturen und Sprachen, die Widad Nabis Werke auszeichnet, wird ausgedrückt durch den Versuch eines literarischen Dialoges mit den bedeutendsten Dichtern und Autoren der Literaturgeschichte wie Paul Celan und Ingeborg Bachmann. Literatur und Sprache als Mittel der Grenzüberschreitung ist eines der Kernmerkmale ihrer Arbeit.

„Widad Nabis Themen sind die Liebe, die Suche nach Freiheit. Mit einer selbstbewussten, weiblichen Stimme erkundet sie ihre neue Lebenssituation, die Spannung zwischen Heimatlosigkeit und Zuhause, Trauer und Hoffnung."

Carsten Hueck, deutschlandfunkkultur.de

Kurz vor dreißig, ...küss mich
von Widad Nabi

aus dem Arabischen von Suleman Taufiq

Lyrik
2. Aufl. 2020; Klappenbroschur
78 Seiten; 14,80 €
ISBN: 978-3-96202-021-7

Widad Nabis Texte erzählen von der unstillbaren Sehnsucht, vom Verlust, von Lust und Schmerz, von der Suche nach menschlicher Nähe. Sie besingen zumeist einen Moment der Nostalgie, der Zärtlichkeit und der Liebe. Ihre Gedichte, die poetisch eng mit den Ereignissen der letzten Jahre in Syrien verwoben sind, entsprechen dem Lebensgefühl vieler Menschen, die auf der Flucht sind. Das Gefühl der Fremdheit in ihrer Lyrik ist eine Metapher für die Entwurzelung und Heimatlosigkeit des modernen Menschen. Das Exil ist das Schicksal vieler Syrerinnen und Syrer geworden, aber oft auch ihre Rettung. „Das Exil hat mich vor der Vernichtung gerettet", sagte sie einmal.

„Nabi schreibt Liebesgedichte, erotische Gedichte, die stellenweise immer wieder symbolisch den Krieg aufgreifen, dabei aber eine tiefe Sehnsucht nach Geborgenheit einerseits, nach Selbstbehauptung andererseits transportieren."

Gerrit Wustmann

Auch als zweisprachige Ausgabe (arabisch-deutsch) erhältlich
1. Auflage 2020, 140 Seiten, 17,80 €
ISBN: 978-3-96202-066-8

Andere Jahreszeit
von Freydoun Farokhzad

Aus dem Persischen übersetzt von Hossein Mansouri
Collagen von Monica Schefold

Lyrik
4. Aufl. 2021; Klappenbroschur
162 Seiten; 12,80 €
ISBN: 978-3-944201-29-0

Freydoun Farokhzad wurde 1936 in Teheran geboren und 1992 in Bonn ermordet. Er studierte in München politische Wissenschaften und veröffentliche Gedichte in deutschen Zeitungen und Zeitschriften. Große Popularität und Beliebtheit erlangte er als Showmaster, Sänger, Schauspieler und Dichter sowohl im Iran als auch in Deutschland. Er beherrschte die deutsche Sprache, aber Persien beherrschte ihn. Das macht den Reiz seiner Lyrik aus. Er hat die Träume seines Landes, die Schätze seiner Tradition in die „fremde" Sprache übersetzt. Bild um Bild jener „toten Jahreszeiten" steht vor uns auf. Sie sind doppelt tot. Unendliche Räume liegen zwischen ihnen und ihm; Persien, das Land der Poesie ist in tausendundeiner Nacht vergangen. Aber Farokhzad war nicht nur ein elegischer Dichter, der träumerisch und trauernd Konturen heimatlicher Minarette nachzeichnete. Andere Gedichte gibt es, die ihn als engagierten Dichter zeigen. Poetisch behandelt Farokhzad „poesiefeindliche" Themen, und dieser Blick für das Politisch-Soziale verleiht seiner Sprache eine unerwartete Aktualität, sowohl in der Schah-Zeit als auch nach der iranischen Revolution.

Mein nächstes erstes Wort
von Magdaléna Stárková

zweisprachig, Tschechisch-Deutsch

Lyrik
1. Aufl. 2020; Klappenbroschur
136 Seiten; 16,80 €
ISBN: 978-3-96202-074-3

Gedichte sind Wanderer, so wie ihre Verfasser auch. Die Gedichte von Magdaléna Stárková sind im Dazwischen der Länder, Orte und Sprachen gehören. Sie thematisieren die Perspektive der Autorin, weisen aber auch über das Persönliche und die eigene Biografie hinaus. Heimat hier wie dort und die stillen Prozesse des Kennenlernens, der Entfremdung und der Versöhnung sind Themen in den lyrischen Arbeiten der Autorin. Ein Gedicht wird sein erster Ursprung in den Augen sehen zwischen Betrachtung und Nachsinnenschlag, findet im Raum zwischen dem Hierein und dem Dort der Herkunft, aber keinem Boden und dem so aus einem Spannungsfeld hervor, von dem der menschlichen Existenz unserer Zeit, die viel ist als es in den Teilen unserer neuen der Herbstkrieg.

Geboren in Ostrava, aufgewachsen in Olomouc, lebt seit 2014 als Autorin und Übersetzerin im norddeutschen Bremen. Absolventin der polnischen und englischen Philologie und Judaistik an der Palacký-Universität Olomouc und der Jewish Studies an der Central European University in Budapest. **Magdaléna Farnesi,** die unter ihrem Mädchennamen Magdaléna Stárková schreibt, hat erste Preise bei dem Literaturwettbewerb Poetry on the Tracks: Haltestellengedichte, 2009, und beim Olmützer Lyrikfestival gewonnen.

In Tschechien sind als unabhängige Veröffentlichungen von Magdaléna Stárková eine Sammlung mit Kurzgeschichten unter dem Titel *Modré okenice*, Prag (Motto) 2015, und die beiden Lyrikbände *Povyjan*, Prag (ARSCI) 2012, und *Modře a měkce*, Prag (ARSCI) 2013, erschienen, beide mit Illustrationen von Marie Krappmann.

Unter dem Schnee
von Inge Buck
Zweisprachig Persisch-Deutsch

Ins Persische übersetzt von Madjid Mohit
Collagen von Monica Schefold

Lyrik
2. Aufl. 2017; Klappenbroschur
107 Seiten; 14,80 €
ISBN: 978-3-96202-003-3

In diesem Gedichtband von Inge Buck geht es um Zeit: um Jahreszeiten und Lebenszeit und die Aufbewahrung von Vergessenem in einem Gedicht. Es geht um Sprache: um die Sprache der Natur und die Sprache der Bücher. In dem deutsch-persischen Lyrikband wird ein Bogen gespannt zwischen den Kulturen. Es entsteht ein Dialog zwischen Sprachräumen und Lebensgeschichten, die Übersetzbarkeit lyrischer Bilder und Metaphern wird ausgelotet.

Unter dem Schnee
die Toten
und das Gras
vom Vorjahr
und meine Liebesbriefe
aufbewahrt
unter dem Schnee
für dieses Jahr